내가 나인 것을

독백 속 이야기

내가 나인 것을

황보인 산문집

다른 누구도 아닌 내가 나인 것을
아무도 함부로 대할 수 없는
나에게 필요한 순간임을

작가의 말

  나 자신을 사랑하기엔 너무 어려운 거 같습니다.
  조건없는 사랑, 말그대로 있는 그대로를 사랑하기엔 아무런 이유없이 말이죠. 그래도 말하고 싶습니다. 우린 할 수 있습니다. 기본적인 에세이 똑같은 레퍼토리로 다뤄진 자기계발책과 별 다를 게 없을지언정 단점 속에 싫어하는 모습이 내모습일때도 싫어했던 사람도 내 모습일 때도 흘러가는대로 그렇게 살아가는 우린 서로 꼴뵈기 싫은 모습을 겉옷으로 감추기보단 사람 살기 어려운 환경 속 따뜻한 말들로 알아주고 공감해주는건 어떨까 싶습니다.

  가끔은 차갑고 시린 모진 말들이 상처로 춥고 시린 어두운 밤이 찾아온다해도 괜찮습니다.

자책하지마세요. 여러분 잘못 아니에요. 여러분 탓도 아니에요

되려 꿋꿋하게 자기 자리를 지키고 꾸준히 열심히 평소처럼 지내다보면 결과가 좋았다가도 또 어느순간 과정부터 불안정하기도 하다가 결국엔 주변 사람들에게 받지 못했던 박수들이 순간들로 주변 사람들 곁에 행복한 사람이었음을 웃는 미소로 분명 찾아올 겁니다.

상처들로 지새운 밤이라도 또 다른 내일이 오기에 활기차고 밝은 낮을 함께 마주하는 건 어떨까 물어봅니다. 나를 사랑하기 위해 나의 장점이 무엇인지 생각해봐도 딱히 잘 떠오르지 않습니다. 오히려 단점이 더

많은 것 같지 나를 사랑하는 일이 무겁게만 더 멀리서 바라보게만 되는 느낌도 들지요.

만약 저와 비슷하거나 비슷해왔다면, 다시 한 번 꺼내봅니다.

이유가 없어도 이유를 찾을 필요도 없다는 걸. 있는 그대로의 모습이 가장 아름답고 강렬하다는 것을. 이 말 자체를 수용하기엔 어려웠습니다. 머리로 생각하기엔 무슨 말인지는 알지만 실현하기엔 터무니없는 그저 글일뿐 모르는 것 투성에 마음에 안드는 투정들뿐인 내가 나라서 좋다는 말이 피부로도 진심으로 와 닿지가 않았으니까요. 더 친해지고 싶었던 상처 받은 과거의 나 더 가깝게 지내고 싶어도 벽으로 완전히 다가갈 수 없다는 것도.

하지만 이 책을 통해 조심스럽지만 솔직하게 내 이야기 삶에 꽃들로 하나씩 써 내려가면서 조금씩 알게 되었습니다. 세상에 나라는 존재는 나 하나뿐이라는 것을. 가족도 떠나간 사람도 아닌 오직 그 사실 하나만으로도 나는 변함없이 특별하다는 것을.

살면서 내가 얼마나 아름답게 꽃을 피어나고 피었는지 자기 자리에서 애쓰던 사람이었음을 이겨낸 나였음을. 계절은 또 다가올 계절에 인사를 하고 서로 행복할 때, 또 나만 외로워 사랑이라 착각해 사랑이 어렵고 힘들기만 한 날, 시선에 하염없이 겁이나 망상하고 주눅 들고 했던 난, 내가 안 보여 흔들렸던 날, 문득 주저앉고 펑펑울던 날, 나 자신만은 잃지않고 자꾸만 잊어버릴 것만 같을 때, 마음속으로 외치던 날.

나직이 힘을 주어 마음의 주문을 외워 보세요.
그리고 꺼내 보세요. 오직 나만 할 수 있는 특별한 나라고 그런 내가 너무나도 사랑하고 좋아한다고 있는 그대로가 참 좋다고.

생각이 깊은 밤은 낮을 사랑하지만,
밝았던 낮이 너무 빛나 이어질 수 없음을.
서로의 등을 마주보고 시간에서 또 하루가지나갔음을.

우린 우리의 자존감을 높이는 가장 빠른 방법이 있습니다.

첫째, 자신을 있는 그대로 받아들이기.

자신의 외모나 직장 그리고 학력 등 남들에게 속이지 않고 있는 그대로 받아들이는 게 첫번째 입니다. 진정 자신을 수용하는 태도를 갖고 마음에 안드는 자신의 일부를 평가하거나 비난하지 않는것이고, 자신의 전체 자아를 있는 그대로 인정하는 것이 있습니다.

둘째, 목적이 있는 삶을 살아야한다.

매일 목적과 목표를 가지고 스스로가 해야할 일을 찾고 또 그걸 해결해 나아가기까지 나를 위해 누군가 목적을 만들어주거나 만들어준 목적을 발견할 때까지 기다려서는 안됩니다.

어려운 것일지라도 항상 생각하고 또 생각하면서 있는 그대로를 받아들이기까지 연습을, 결코 쉽지는 않겠지만 해야합니다.

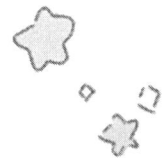

prologue

황보인 훈련병 이함 준비! 옆에서 큰 목소리로 용기를 주는 우람찬 목소리가 들려온다. 훈병 황보인 이함 준비 끝! 7m에서 물속으로 떨어지기 전, 차례가 다가와 수많은 사람들 앞에서 연주를 기다리기 전 고요한 물결 속안에는 깊게 자리잡던 내 마음에 이야기들이 고스란히 파랗게 물방울들로 가득차있었다.

우리 아버지는 올해 60살이 되셨다. 베테랑으로 일하시는 아버지, 내년에는 몇십년동안 이어온 일을 정년퇴직하신다. 우리 어머니는 올해 54살이 되셨다. 직장 다니시는 어머니 또한 몇십년동안 해왔던 일을 2년뒤면 그만두신다. 앞으로 뭘하면서 살아야할까라는 말과 아르바이트를 했다고 나에게 말하는 말들이 가장 무겁고 서럽게 느껴지는 게 현실이었다. 가장인 우리 아버지가 아르바이트를 하는 모습이 가슴 찢어지게 아프고 무너지는 상황도 있었다. 물론 일을 안하고 쉬는 것보다 건강하게 무언가를 하는 건 좋았지만, 나에게는 아니었다.

우리 할머니는 너무나도 건강하시기에 내가 아장아장 걸어 다니기 전부터 나를 애지중지 돌봐주셨다. 지금 현재도 건강하게 서울로 돌아다니면서 장사하는 할머니가 너무나도 대단하시고 존경스럽다. 나를 보면 항상 강아지 보는듯 마냥 반갑게 웃어주신다. 감사하고 사랑한다.

우리 친한 형 형제로 형은 음악과 연기를 하셨다. 올해 25살 반 오십이 되었네, 하지만 세상을 내가 군 복무하고 있던 와중 2021년 11월 10일날 먼저 떠나셨다.

당시 나는 세상 불공평하다고 원망했었다. 노력과 재능 인맥으로 싸우는 게 실력일까 운일까 아니 둘다겠지. 다른 나라와 달리 우리나라는 숫자가 좋아서인지 그런쪽으로는 최적화 되어 있다. 사람은 외적으로부터 숫자로 판단하는 판이 되어 있어서 아쉬울뿐이다. 글을 쓰고 있는 내 나이 23살 형과 같은 나이가 되었지만 아직도 나는 실감하지 못하고 있을 뿐더러 애써 웃으며, 오늘 하루를 버티기보단 이겨내고 힘차게 보내고 있을 뿐이다. 형은 뭐하고 있을까나? 떠나기 전 해주었던 말들이 고스란히 추억에 자리잡혀 기억에 남아있다.

어릴 때부터 소신껏 생활 하던 마음가짐은 여전히 나를 지지해준 수많은 사람들 곁에 살아가려고한다. 사실 하나도 괜찮지 않다. 매일 밤마다 쓰리고 쓸쓸한 마음은 파고드는 감정들로 더이상 파고들 살이 없기에 무뎌지고 또 무뎌진 거 뿐이다. 나약해보이고 싶지 않아 애써 외면한척 덤덤하게 형을 보냈고 남아 있던 야속한 시간속에 방황했고 혼자 남겨진 나로써는 빈방을 받아들이기 어려워했다. 무뚝뚝해진 나는 혼자 정말 슬퍼하고 내 상황에 더욱 대입해 작아지는 것만 같았다. 떠난 형에 대한 분노와 화 그러다 점차 슬픔으로 변해가고 증오에서 지금은 이해로 형을 용서한다.

   나는 앞으로 무엇을 하고 어떻게 살아가야할지 그리고 그 살아가야하는 마음가짐으로 부터 지금 이 책을 쓴다. 사실 알고있다. 내가 어떻게 살아야할지 내가 조금 더 잘 살아가는 모습 보여주면 되는 거 아니겠어? 더이상 읽는 책으로는 앎에서 지식에서 끝나 내가 직접 쓰는 것이다. 상처에 마음 졸이고 우울함속에서 더는 피폐해지기 싫어서 상처를 받더래도 덜 받는 나로 이겨내는 나의 삶을 되찾기 위함이다.

   그럼에도 나는 이기적인 나였기에 사람들에게 피해를 주기도 욕심도 부리고 투정도 부렸다. 이해못하는 행동들도 이해받길 원했고 상황이 나빠지면 회피하길 바빴다. 나도 사람이었고 강해보이고 싶었지만 정말 어린애다. 자기 연민에 빠져 모든 모순으로 현재 나와 비교하기도 피하고 싶었을 어린 나였다. 이상적인 완벽한 나 생각과 다르게 흘러가는 모든 게 마주보기 싫었고 내 진짜 모습을 마주하기도 두려워서 부끄러워하는 나는 군생활을 마지막으로 나에 대해 있는 그대로 마주하기로 했다.

이모습도 저모습도 전부 진짜 나라는 것을.

어느걸 좋아하고 하면서 스트레스를 풀리는지 관심 있는 장점과 단점을 알게 된 순간 자기객관화가 잘 되어 있었고 이런 변화들이 주변 사람들에게 긍정적인 영향을 줄 수 있었고 방법부터 차례로 사람들에게 도움을 주고 싶었다. 생각해보면 인생에 늘 물음표가 따라다녔던 거 같다. 언제나 왜요? 라고 정말 궁금해서 물어보기도 했던 어린 나 묻지도 따지지도 말라는 건 내겐 너무 어려운 일이었고 어쩌다, 이렇게 애매한 어른이 되었을까,

전공 선택을 잘못했던걸까?
공부를 조금 더 열심히 하지 않은게 문제였을까 일하면서 더 버티지 못한 게 잘못이었을까 아무리 생각해봐도 삶에 있을 수 있는 시행착오가 아닌가. 스무살

글을 쓰기 시작했다. 아니 그 전 초등학생 때부터 글로 표현을 많이 했었다. 스물둘 그리고 지금 스물셋 내가 나를 믿고 여기서 만큼은 변함없는 스물 스물둘 여기 있었다는 자취를 남기고 싶었다. 세상이 나의 존재를 무가치하게 여길지라도 나는 나를 존중하고 나로서 당당하게 살아가도 된다는 거였다.

온전히 나를 알아주고 안아주고 싶었다. 길을 방황하고 헤매인다해도 괜찮다. 글을 사라지지 않고 내가 느꼈던 초라함의 이유이자. 나를 초라하게 했던 모든 것들에 대한 답변이다. 변하는 것도 많고 변하는 게 두려웠던 나는 하나도 빠짐없이 적을 거다. 솔직하고 거짓없는 나로 더이상 아파하지 않길.

이건 나의 이야기자 시작이다.

차례

나를 알고 사랑하자
1부

황보인 나의 이야기	23
특별함이 하나 둘 모이면 그저 평범해진다.	35
스스로를 되물어보기	40
나를 지키기 위해	45
시간이 지나고 보니 사랑이었더라	50
누구하나 아픈 손가락이 없음을	57
소중한 시간 소중한 나에게	61
첫사랑은 누구에게나	65
흔들리며 피는 꽃	69
곁에 두고 싶은 사람	72
나를 알 수 있는 연습	75
어리고 또 어린 나	81
바디프로필	85
행복은 늘 내 곁에	89
동기부여	95
자존감, 자신감을 바꾸다	98
텅 빈 공간	103
아끼고 싶은 것	104
말하지 못한 어린 나	108

언제나 나였음을

2부

과거는 쓰레기통에 안녕_	111
현재에 집중하다	115
여행	119
친구	123
앞으로 나아가야 하더라	127
편안한 나는 나로 나를 인사한다	131
가족들은 알고보면 어린 소녀 소년이다	136
지친 나에게	139
괜찮지 않아도	143
내가 나라는 것	148
세상사는 사람들	152
폭풍전 고요한 바다	157
사랑	162
저 별은 뭘까	165

아름다운 세상 젊고 특별한 나

3부

MBTI	171
사람들이 바라보는 내 모습	176
어린어른	180
수용	187
가득찬 그릇	192
켜진 불꽃	196
소중한 나에서 나인 나로 사랑 그리고 거인	201
지구	207
거울 속 나	209
별	211
황보인	213
기준	215
장미	217

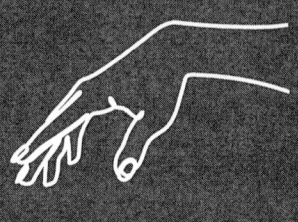

1부

나를 알고 사랑하자

황보인 나의 이야기

　나는 성공하고 싶다. 성공의 기준은 뭘까? 나는 외로움을 가장 많이 타고 사랑을 원해오는 사람이다. 사실 미성숙하다고 말하는 게 가장 맞겠다. 아는 것은 없었지만 열정과 노력으로만 쌓아올린 거니까 초등학생 때는 내가 하고 싶은 걸로 밝은 인상을 남겨주었다면 시험과 공부 그리고 성적으로 반 아이들과 친하다는 거리가 갈리고 중학생때는 성적의 무게가 정말 많이 느끼긴 했었다. 은따라고 불릴 정도로 내 노력과 무관하게 일상이 친구라는 사람이 고팠고 조심하는 모습에도 나를 욕하는 사람이라는 걸 알게 되었던 시절을 보냈던 거 같다.

　초등학생 때는 몰랐는데, 중학생 때는 내가 음악을 잘한다는 거였고 조용하지만 착하고 바른 이미지로 항상 자리잡혔다. 공부는 나랑 거리가 멀다고 생각을 들기 시작했을 때 관계에 대해 더욱 신경 썼던거 같다. 작은 표현부터 공감까지 관심분야를 따라쟁이 처럼 찾아보기도 찾아다니기도 내가 원하는 친구들과 어울리면서 내 자신감 자존감을 키우면서 순수함을 가져갔었고 그리고 열정을 조금 더 욕심내기도 했었다.

   고등학생 때는 내가 바라던 삶이라고 생각했었지만 반장 학생회 그리고 밴드부 음악동아리 아무도 몰랐던 내 자리를 채우려는 목적과 목표로 전교회장 자리까지 아무도 선택 하지 않은 표가 넌 안돼, 너가? 단호하게 말하고 앞에서든 뒤에서든 욕하고 무시한 친구들이 있었던 반면 믿어준 친구들과 함께 피켓을 들고 방과후까지 목텅 터지게 외쳤던 것 같다. 얘기가 들렸던 걸까 간절함을 통해 많은 인지도가 쌓였다. 감사한 삶이기도 불쌍한 삶이기도 남들이 볼때는 이렇게 까지 하는 이유가 뭐냐고 물음표를 던졌을 때 나는 대답한다. 한번뿐인 인생 내가 하고싶은 거 하면서 남들에게 필요한 존재로 남고 싶다고 내 진로는 피아노지만 부모님의 반대는 기본 집에가면 형과 어느정도 비교가 심했었다. 어느정도의 사랑은 있지만 역시 성적, 노력, 끈기가 부족했다고 하고 싶은게 크게 보이지도 않았다. 주로 남들 보여주기 식, 있어보이는 거 따라 하려는 게 다였다고 내겐 큰 투자보단 형에게 갔었고 내가 작은 꿈을 꾸던 거 마저도 생각을 접을 수 밖에 없었다. 결국 나는 혼자 할 수 있는 게 무엇일까 선택했던 게 소방관 9급 공무원이다. 내 인생에 피아노를 내려놓고 소방관의 꿈을 갖게 될때 까지 나의 노력의 이야기다.

남들을 도와주는 게 좋았던 나는 경찰의 꿈도 있었고 심리상담사 그리고 일러스트레이터 피아니스트가 있었다. 각종 분야 활동들로 우수상부터 대외 활동들까지 스스로가 부끄럽지 않도록 학교 생활에 임하였고 고등학교를 졸업한 나는 피아노에서 소방안전쪽으로 다시 진로를 바꾸고 가게 됐다. 그렇다고 학교를 꼭 가야하나? 그렇지만은 않더라 정말 좋은 대학 나오면 당연히 좋다. 좋지만, 나와서 아무 계획도 생각없이 보낸다면 당연히 그러지도 않고 열심히 공부하지만 졸업한 학과와 동일하게 직업을 가지는 사람들은 생각보다 별로 없었고 다른 방향의 업무 쪽이나 창업을 꿈꾸는 사람들도 많았다.

 정말 노력하고 간절하다는 생각이라면 학교에서 기본 지식을 배운다는 마인드부터 사람을 얻어간다 지금 나이에 할 수 있는 공평한 시간이라고 말할 수 있겠다. 대학교에서 군대까지 정말 이른 나이에 가서 교육훈련단 실무까지 사람과 사람이 극과 극으로 몰아세워 폭풍우를 경험할 수 있는 시간을 보낼 수 있었지만, 자진 지원한 나는 성숙하지 못했던 모습을 볼 수 있었다. 20살이라는 나이가 이젠 성인이라고 말하지만 숫자에만 불과한 어린 나이었다. 어리광도 징징거리는 소리도 핑계라는 배부른 말을 내 뱉기도 했었고 말이 중요하다는 사실도 힘들다는 말에 무게감을 줄이기 위해 꾹 누르기도 했다. 군대 생활을 잘했다고? 무사 전역한 거면 말 다했다. 안에 있었을 때 정말 길고 긴 시간 동안 나와 싸움이 연속이었고 선택 속 후회 할 수 있는 상황도 정말 많았다.

 군생활 중에 정말 좋은 분 이안석 참모장님 안해오, 김흥문, 신광재 행정관님 김기민, 김준석, 선준범 중대장님 소대장님 박찬민, 박준오, 김강현 하사 많은 분을 만날 수 있었고 감사한 삶이었다.

  군생활 중 내가 당시 21살 우리 친형은 23살 정이 많았던 형을 떠나 보내게 되었고 아직도 잊지 못하는 생각 속에 현실을 부정하기도 했었다. 군생활 중에 잊지 못하는 후임들부터 나를 챙겨주는 사람들이 있었고 지금도 연락하고 지낸다. 한 번 해병은 영원한 해병이다 해부심도 해병대 나왔다고 말은 하지 않지만 주변 사람들이 해병대 물어보거나 경례를 한 번씩 할때마다 맞받거나 선임 해병님을 만났을 때 반갑다고 나에게 용돈을 챙겨주시거나 밥을 사주시는 경우 나 또한 기분 좋은 경우가 있다.

  전역하고 나서 남은 사람들과 가족들을 위해 자취방을 구하고 남들과 다른 시간에 닥치는 대로 사회생활을 빠르게 경험하면서 동경하는 사람이 되고싶어서 많은 여행과 관리를 하게 되었다. 나이와 시간이 지날수록 점점 현실에 와닿게 되는 앎이 되려 나이테 느껴지는 게 있었다.

빠른 시간에 성공하고 싶어했고 대단한 사람이 되고 싶었다. 요즘 외모에도 신경을 쓰는 편이지만 대단한 사람이 된다해도 외모도 보게 되어서 꾸미고 꾸민다 해도 부족함이 보여서 성형 생각도 하게 되는 거 같았다. 자격지심 또는 열등감일 수 있다. 자존감은 낮은데 자존심만 쎈 게 나였던 거 같다. 지금 내가 만약 성형이 아니더라도 시술정도 하게 된다면 중독이 되어서 다른 부분도 하지 않을까 두려움도 있고 할 생각만 있을뿐 지금바로 해야겠다는 아니다. 물론 이러면서 아예 하지 않을거라고도 알고 있다.

지금은 외모에 대한 콤플렉스는 없다. 주변 사람들이 말하는 말과 첫인상 그리고 다가오는 사람들의 말과 행동 시선이 신경 쓰일 뿐 자존감 자신감도 낮은 편은 아니다. 정말 궁금해서 물어보는 것도 있지만 나라는 사람이 봤을 때 다른 멋지고 동경하는 사람을 닮아가고 싶었기에 어느정도 비교도 한 20살때 나도 있었다. 그게 자존감 낮은 소리라고 하겠지만 그 때 당시 나는 나 너는 너가 아니라 아는 것도 없는 내가 어느정도 인지도와 능력이 된다고 생각하고 있는 척 앞으로 더욱 나아가려고 상대방에게 피곤하게 했던 스타일이었다. 모든 좋았다. 그 덕분에 지금 내가 있을 수 있고 책을 쓰고 있다는 거다.

   사는 사람 전부 다른 얼굴 방식이 다른 삶에서 나와 세상 사람들 속에서 도전하고 싶다. 그게 무엇이든 내가 하는 모든게 살이되고 피가 된다는 생각으로 돈이 된다는 것을 또 알기에 헛투로 시간을 보내고 싶지 않았다. 성공한 사람은 말하지 않는다. 자기가 어떻게 살아왔고 어떠한 시행착오가 있었는지 나는 그런 말보다 내 나이의 비해서 적은 경험이라고 보지만 느꼈던 감정과 나라는 사람을 더욱 알고 싶었기에 이 책을 쓰면서 보고 또 보고 잃지 않는 힘을 갖고 싶다. 우린 모두 할 수 있다는 무게 없는 말보단 조금 더 헤아리고 공감 갈 수 있는 편안한 책으로 남길 바래서 책에 담는다.

   처음에 일을 할때는 정말 새로운 경험으롤 8시간 교대근무로 사람들을 만나고 인연까지 사귈 수 있었다. 군대라는 시간을 보내고 대학교로 복학을 잠시 미룬 상태에서 일을 하던도중 주방이나 홀을 보게 되면 사람들이 즐겁게 하하호호 웃으면서 밥을 먹는 모습이 좋아서 요리를 하게 되었지만 좋아하는 취미가 일로 변하니까 10시간 12시간 일하는 내 체력과 마음이 흔들렸던 것 같다. 하루가 전부 사라지는 시간이 차라리 공부를 해서 안정적인 직업을 가지고 떳떳하게 여자친구를 사귀는 게 좋지 아르바이트 아무리 취직이 되었다한들 직장마저 내가 지금 이렇게 까지 하고 있는 게 맞을까 고민하고 또 고민하게 됐던 거 같다.

사람을 만나고 사람을 배우고 거기서 안에서 사회생활과 눈치, 센스, 집중력, 유도리, 말, 행동 속 의지와 자세 대인관계, 서비스 많은 걸 알 수 있어서 빠른 나이에 사회경험을 쌓고 돈을 많이 모을 수 있는 건 사실이다. 좋은 대학교가 아니더라도 2,3년제 전문대를 나와 공부를 어느정도 해도 일찍 시작한 직장인보다 조금 더 일찍이면 일찍 따라잡을 수 있다는 것을 롱런으로 본다면 대학교를 나와서 공부를 조금 더 한 사람이 유리한 조건이라고 본다면 더 좋게 볼 수 있다. 나이를 먹어가면서 느끼는 건 어른들에 이야기는 정말 틀림없이 맞는 말을 하는 거 같다. 물론 아닌 것도 있지만 말이다.

　나와 같은 시기가 분명 있었을거고 같은 나이를 걸치고 지나왔기 때문에 여유와 지혜가 넘치신다. 특히 할머니가 계실 때 많은 이야기를 했으면 한다. 할머니 할아버지가 어디서 어떻게 오신거고 말씀에 있어서 특히 지혜를 배웠으면 좋겠다. 나이 먹고 늦어서 후회한다는 게 가족분들과 함께 오랫동안 시간 보내기, 어린 나이에 여행 다녀오기, 공부하기, 나이에 맞게 신나게 놀기, 운동하기, 치아 피부관리하기 정말 다양하게 많지만 이중에서 전부 챙겨가도 너무 좋다. 한가지만이라도 생각해서 더 나은 방향으로 나갔으면 하는 생각이다.

　내 지금 현재 꿈은 소방관이다. 19살 고등학생 때부터 꿈꾸던 꿈이었고 확고하고 확신하는 내 꿈이다. 꿈은 달콤하고 깊게 빠져들수록 현실로 다가와 솔직히 두렵다. 공부량부터 가산점이 된다는 자격증 무엇보다 시험을 갈수록 어려워지고 뽑는 인원마저 나와는 어나더 레벨로만 보인다. 사실 전부 다 핑계다 공부라는 새로운 걸 해보지 않았기에 11시간~13시간 계획을 짜서 핸드폰과 각종 sns 친구 연락을 끊고 오직 공부에만 몰두한다는 게 생각만해도 멘탈이 흔들렸던 거 같다. 시작 전부터 내가 준비해서 만약 안되면 어쩌지? 내 시간은 그렇다고 내 친구는 나이는 먹었고 돈은 모으지도 못했고 이 나이에 여자친구는 어떻게? 정말 생각할수록 막막하기만 했다. 내 상황과 반대로 천천히 해도 된다는 달콤한 소리에 꿈과는 다른 허술한 점에만 눈에 보이고 방황만 했던 시기를 보내기도 했었다.

다시 한 번 말하지만 나는 내 꿈은 소방관이다. 돈보단 가족이고 우선은 내 이름 나다. 생각 또는 불안감과 관계 그리고 사랑 내 꿈을 이루기 까지 앞으로 4년 그리고 홍대 연남동자리에 작은 평부터 시작해 1인 레스토랑으로 내가 사장이 되어서 낮에는 북카페 저녁에는 라이브 재즈바 장사를 한다는 게 앞으로 7년 해외에서 살아보는 것도 꿈에 그리던 예쁜 배우자를 만나는 것도 내 인생에 부끄럼없는 삶으로 기억에도 이름에도 알리고 싶다.

내 미래는 지금 현재 나에게 충실하는 것 아무도 모르는 인생 일어나지 않는 감정에 시간낭비 하지 말고 내일을 기대하자 묵묵하게 꾸준히 해 나아갈 거라고 믿고 나는 여러분을 응원한다.

울타리

작은 검자루 하나 들고
바보같은 멍들로
생각대로 흘러가지 않았음을.

날카롭게 서 있던 날이
알고 보니 나였음을

반겨줬던 관객들은 가면을 쓰고 무대를 떠났고

그저 생각대로 흘러가지 않았음을.
그저 잘하고 싶었던 거 이었음을.
생각이라는 괴물은 알고보니 나였음을.
관계는 건강한 나부터라는 깨달았음을
그저 하염없이 꿈만 키웠던 작은 거인의
생각일 뿐이었음을.

특별함이 하나 둘 모이면
그저 평범해진다.

 학창시절에 나는 뛰어노는 걸 무척이나 좋아했었다. 아니 그저 어울리고 싶었고. 어울리는 걸 무시받고 싶지 않다고 착각했었다. 웃고 있던 내 모습이 진짜일까 항상 어딘가 조금이나마 쓸쓸한 마음이 자리잡고 있었다. 언제부터였을까. 그렇게 해야 곁에 떠나지고 않는다고 언제부터였을까. '괜찮아' 라는 말이 눈물을 감추기 위한 말이라고 수줍게 웃고 노을이 지고 저녁이 되었을 때 집에만 돌아오면 지워지는 내가 텅빈 방에 꺼진 불 속에서 무엇을 찾아 헤매는건지 현관불이 켜지면서 나에게 쏠린 빛은 금세 몰려오는 또 다른 그림자가 외로움이라는 친구가 함께 비추고 있었다.
 혼자만의 바램이었다. 감당키 어려운 감정을 부여

잡고 친구들 앞에선 맑았고 부모님이 바라본 난 정직과 정의로운 착하고 예의바른 비밀많은 아들로 행복하지 못했던 이유는 나에게 있었다. 진짜 내 모습이 아니었기 때문에. 있는 그대로의 모습이 아니라 누군가의 부러움을 쫓아 나라고 고집부리는 착각 때문에 전혀 자연스럽지도 한 없이 불편했었다. 아무리 흉내 내고 싶은 삶이라도 아닌 건 아닌 것이다. 무리하게 내가 할 수 있는 게 없는데 부정적인 마음을 가져봤자 나만 손해라는 생각에 벗어날 수 없는 상황 속 나는 너무나도 약하고 작은 그릇이었음을. 더 솔직하게 말하면 괜찮지 않아도 될 명분이 없었기 때문이었음을. 그래서 안 괜찮아도 습관처럼 나오는 말이 언제부터인가 나 스스로 사람들에게 거리를 두려 했던 거 같다.

마음을 쉽게 털어놓는건 적이 생길 수 있고 마음의 더 큰 상처로 기억에 남을 수 있었고, 어렵게 꺼냈던 이야기들이 여러 사람의 입에 오르내리며 하찮게 마음까지 문을 닫게 만들게 되었다. 혼자가 편하다고 말했지만, 어쩌면 그 누구보다 혼자가 되는 게 두려웠을지도 모르겠다. 혼자인 나를 인정하지 못하고 부정하기 바빴으니까. 솔직히 말하면 나도 누군가와 함께하고 혼자로 남는 게 싫다. 아픔의 크기는 가늠할 수 없어 되도록 상처받지 않으려고 노력해야하지만, 결코 쉽지 않다.

　외부 상황을 마음대로 제어할 수 없기 때문에 내 안에 목소리를 더욱 집중해야한다. 할 수 없다는 상황을 연연할 게 아니라, 마음을 다져야 한다. 부정적인 상황 속에 상처를 받는다고 해도 나의 가치관에 영향을 미치지 않도록 나를 우뚝 세워야한다. 긍정적인 사람이 되라는 게 아니다. 그것은 그것대로, 이것은 이것대로 나누어 바라볼 줄 아는 사람이 되어야 한다는 의미이다. 인생에 몇번 좌절 하는 상황은 오지만 내가 내 모습을 잃지 않을 수 있었던 건
　나를 미워하지 않는 자세. 내 삶까지 미워할 필요가 없다는 것을.내가 나를 사랑해야한다는 말이 어렵게 느껴진다면, 내가 나를 어떻게 사랑해야 하는지 모르겠고 어렵다면.

　내가 나를 미워하지 않는 연습부터 하자.

나를 탓하지도 미워하지도 나를 못났다고 생각하지 말고 그냥 있는 그대로 받아들이는 연습 할 수 있다. 있는 그대로의 모습을 좋아하는 게 맞다. 열 손가락 안으로 셀 수 있는 인간관계도 나는 그저 나일 뿐 좋고 나쁨의 잣대로 나를 평가하지 않을 것이다. 그 어느 하나 버릴 수 없는 소중한 내 모습이니까. 보여주기 식도 억지로 꾸며 낸 인생을 살지 않을 것이다.

있는 그대로가 좋다 .
있는 그대로를 받아들이는 게 좋다.
있는 그대로 살고 있는 내가 발전 하는
난 내 모습이 좋더라.

이정표

작은 거인은 있는 그대로를 받아들이기로
주어진 작은 검자루 하나
진실로 사용하길 말한다.

보폭이 작아 느렸다면
최우선으로 일상에 배고픔을 채우자
꾸준히 변화를 주더라

사람들에게 용기를 가져다 주더라
하루를 충족하기 위해
단 하루도 뻔한 날이 없었고
소중한 곁에 사랑받는 나로 넣어보기로
이건 또 이대로 나라고

스스로를 되물어보기

    어릴때나 지금이나 소중한 친구들도 있었음에도 불구하고 손가락 열개로도 부족한 그런 친구들을 만들고 싶어서 인연과 연인 관계에 목말라했었다. 공부는 젬병이었다. 내가 가졌던 성격으론 착하고 순하다. 말이 적다. 쑥스러움을 많이탄다. 피아노를 잘친다. 착하다. 이런 말이 정말 많이 들려왔다.

    정말 순수한 마음으로 친해지는 게 우선이라 생각해 공부는 쉽게 눈이 안들어와서 노력 없는 핑계만 되고 책을 필 용기조차 갖질 못했다. 아니 시도조차 하지 않았다. 원하는건 확실하지만 그 원하는 걸 이루기 위해 시간과 노력을 투자하지 않고 난 안된다고 악순환만 반복하고 있으니 지칠 수 밖에 없었다. 누가 보더라도, 나를 볼 때 논리는 허점투성이다. 자기 자신이 부족한 걸 알면서 고의적으로 고칠 생각을 안하고 변명만 늘어대니 나는 변할 생각을 안하고 있다는 것이다.

 주변 친구들은 이런 날 이해할 수 없어 했고 조금씩 거리를 둘 수 밖에 없었다. 멀쩡하게 생겨서 말하는 것도 순진하고 순수함 그대로 묻어나오는데 왜 주변 친구들이 없을까 했는데, 내 내면안에 나와 마주치지 못해서 그런거 같다. 때로는 이런 내가 친구를 사귀는 방법이 아닌 친구를 잃지 않는 방법만일지도 모르는다는 생각을 했었다. 물론 노력을 100퍼라면 전혀 안한 건 아니다. 공부방부터 눈높이 학원 1대1 과외까지 할 수 있는 건 전부 해봤던 거 같지만 상식에 대한 지능이 딸려서 그런지 기초가 되질 않았다.

 해도해도 자꾸만 배우더라도 금방 까먹어버리는 엄청난 능력으로 금방 내 마음도 식어버리게 한다. 울며 겨자먹기로 더 많이 해봤어야 했나. 잘 되지 않는 나에게 평가를 내리다보니 자존감이 바닥을 칠 수 밖에 없었다. 대체 무엇이 나를 이토록 이해할 수 없는 나로 만들었을까. 분명 스스로에 대한 기대도 나라는 사람을 높게 평가해서 그런 듯하다. 하지만 외소하고 적극적이지 못한 태도에 소심하였기 때문에 반아이들에게 은따 정도 따를 당하지 않았을까 싶다.

이유는 분명이 있다고 본다. 내가 눈치가 없어서 못 채고 모르고 있을뿐. 어린 나는 그런 상황조차 불편해했었고 더욱 과하게 표현부터 더욱 멀어지는 마이너스 방법만을 사용했을지 모른다. 그저 친해지고 싶었을 뿐인데, 지독하게 남 의식 눈치부터 봤던 탓일 거다. 무관심이 나에게는 가장 견디기 어려운 것중 하나다. 이런 부분도 있었던 나였기에 더욱 필요한건 건강한 마음이었다.

나도 알고 있었다. 공부를 못할 환경 탓 가난한 탓 문제의 원인을 외부의 탓으로 돌리며 변명 뒤에서 자신을 보호한다. 그런데 문제는 변명으론 자신을 지킬 수 없다는 데 있다. 스스로를 방어하기 위한 변명에는 사실 그 자신도 속지 않기 때문이다. 겉으로 아닌 척해도 무력감과 수치심은 여전히 내면에 처리되지 못한

채 남아있을 것이다. 우린 좌절된 욕구는 어쩔 수 없었음을 받아들여야하고 있는 그대로의 자신을 투명하게 재평가해야한다.

   자책과 원망을 소거하고 그 이유가 무엇이든 말이다. 더 이상 과거에 묶여 인생 전체를 소진해서는 안된다. 한심하고 부끄러운건 좋은 직장에 다니지 못하는 거나 성공하지 못하는 것이 아니라, 자신에 대한 변명과 핑계를 늘어놓으며 아무 시도조차 하지 않고 쉽게 얻으려는 것이다. 자신이 기대했던 모습은 아닐지라도 스스로가 초라하게 느껴지는 걸 견뎌야할까. 정말 이게 나 자신일까 한 번더 되돌아 보고 또 마주쳤으면 좋겠다. 중요한건 스스로에 문제를 알고 고쳐나아가려는 마음이다. 다시 시작하는 건 금방이다. 우린 할 수 있다.

온기

앞으로 나아가는 속도에 넘어질까 두려워했었다.
쌓였던 오해와 편견 감정을 집고 이야기라는 보따리를 풀었으니
넘어야할 산이 많았지만,

넘어지지 않도록 손잡이가 되어주는 사람들이 많았다.
사람에게 사랑도 느끼고
사람에게 상처도 받는
우린 화려한 꽃밭 속에 있는 네잎 클로버다.

나를 나답게 응원해주는
한 마디 서로가 해주는 따뜻한 말 속
위로와 희생 끝에 사람이 좋더라.

나를 지키기 위해

초등학생에서 중학생이 되고 나서도 여전히 제일 친한 친구가 있었다. 같은 밥을 먹더라해도 서로가 잘 알기에 아무말없이 챙겨주었고 내 부족함을 어느정도 알고 있어서 문제없이 지냈었다. 같이 서로가 무엇을 원하는지 티내고 바래왔었고 같이 후회도 해보고 웃고 울기도 했었다. 정말 하루도 빠짐없이 연락하면서 소중하고 또 소중하게 생각한 친구였지만 장난의 계기로 점점 사이가 멀어진 친구라고 말하고 싶다. 슬프게도 그 친구와 멀리하게 되고나서 정말 진심이었는지 내 주변에는 아무것도 남는 게 없어보였다.

어렸을 때부터 소유욕이 있었는지 내 것이 아니지만 내 것이라고 생각했던 거 같다. 떠나니깐 보냈던 시간들이 추억으로 아무것도 없이 지나가니깐 더욱 무너져내리는 기분이었다. 이처럼 이별과 작별이 두려워 어긋난 인연을 쉽게 끊어 내지 못했던 순간들이 있었다. 고등학생 때, 대학생 때, 사회초 직장생활 때, 돌아보면 참 희한하게도 아니라는 것을 알면서도 끊어내지 못했다. 그때는 아직 그 사람에 대한 마음이 남아있기 때문이라고 생각했다. 그래서 미련이 흙투성이가 되도록 바닥을 질질 끌고 다녔다.

그 이유를 더 잘 들여다보면 그에게 감정이 남아서가 아니라, 이별 후의 내 모습을 감당할 자신이 없어서였다. 나를 또 다시 좋아해줄 사람이 있을까. 또 다른 시작이 무서웠기 때문이다. 미련이었던 거 같다. 같이 보내왔던 시간이 점차 사라진다고 생각하면 슬프기 때문에 허전함은 여전히 있는데, 내 안에 있던 추억은 오죽할까. 끊어 내야 할 때 끊어 내지 못하면 좋았던 추억마저 더럽혀진다.

어른이 되고 나서도 느끼는 건, 우리는 매번 이별하며 살아간다는 것이다. 살다보면 꼭 사랑하던 사람과의 이별이 아니더라도 우리가 경험하는 이별은 꽤 많다. 친구들과 헤어져야 할때도, 꿈과 멀어져야 할 때도, 내 안에 있던 것들이 빠져나가면 그게 다 이별인 것이다. 우리는 매 순간 이별을 하며 산다. 우리가 가진다는 것은 곧 이별할 수 있다는 것이다. 가진 게 있다면 잃을 것도 있다는 의미니까.

노력 목표로 이루어낸다해도 손에 쥐고 있는 게 늘 내것이 아니라는 걸 알고 난 뒤에는 무언가를 가진다는 것이 썩 달갑지 않게 다가왔다. 이제는 이별이 두렵지 않다. 초,중,고, 대학생 그리고 현재 사회생활을 하면서 많은 걸 잃어보기도 얻기도 해봤다. 이별이 오더라도 다시금 이겨낼 수 있다. 그렇다고 해서 이별 앞에 담담해질 수는 없다.

다만 그 끝에서 이별을 받아들일 줄 알게 되었고, 이별이 특별한게 아니라 살다보면 일어날 수 있는 자연스러운 일이라고 받아들인 것뿐이라고 말하고 생각하는 순간이 오게 된거다. 그러니 우리에게 지나가는 연인들에게 너무 많은 감정을 주면 안된다. 우리를 존중하지 않는 이에게, 친절하려 애쓰지 말자. 내 안에 있던 것과 얼마나 멀어지고 내 곁에 있던 것과 얼마나 떨어졌나. 상황을 바꿀 수 없을지라도 적어도 그들에게 비굴해지지는 말자. 사람대 사람으로서 스스로의 존엄함을 지키기 위하여,

 우리에겐 최소한의 저항이 필요하다. 친절하지 않은 사람에게 친절하지 않을 것이 우리의 약속이자 나를 지키기 위함이다. 우린 사랑받을 자격있는 특별한 사람이다.

발걸음

인생의 발은 너에게 달려있다고 느리게 가도
꾸준함은 그 누구도 이길 수 없다.

그게 단순히 허름한 보폭일지언정
넘어지더라도 아무렇지 않게 일어나서

무수히 많은 별자리에 가는 게 어른이다고.
나에게는 무시히 감사한 밤이었다.

시간이 지나고 보니 사랑이었더라

10대 때는 10대 걱정이 있었고 20대가 되었을 때는 또 20대 걱정이 있었다. 심지어 우리 가족들조차 할머니께서도 걱정을 안고 갈 수 밖에 없었다. 당연하면서도 우린 감정에 항상 마주치고 싸웠어야했었다. 나에 대해서 나는 항상 관대했었다. 슬픔을 마주하는 것도 나는 그게 참 걱정투성이었다. 사람은 다양한 감정을 느끼며 살아야하는데 슬픔은 나빠. 안좋아. 분위기만 흐릴뿐. 부정적인 인식 때문인지 좀처럼 슬픔을 표현하지 않는다. 어떤 일에 즐거워하는 것만큼 어떤 일에 슬퍼하는 것에도 관대해질 필요가 있더라 걱정과 고민을 극복해야 하는지 방법을 찾기 시작했다.

그러다 좋은 방법은 노트와 펜을 드는 것이었다. 머리속에 고민과 걱정거리를 하나 둘 일기처럼 적기도 하고 그림을 그리기도 했었다. 까마득하게 몇장 채워지는 빼곡한 종이를 보기도 어느날은 한 폭 그림을 완성하기도 했었다. 걱정을 일일이 쓰다보면 손가락이 아프기도 피곤해서 귀찮아지기 시작한 것이다. 하루 이틀 한달이 지나서 생각해보면 그저 아무것도 아닌 일이었는데, 그렇게 큰 감정을 소모할 정도는 아니었는데 하고 힘들다는 말이 꼬리에 꼬리를 물었던 걱정이 서서히 잦아들었다. 이제 그만 우린 행복할 때가 왔다.

슬픔을 이겨내는 방법으로는 정말 다양하게 있었다. 자기만의 시간을 가지는 거. 한가지 목표를 가지고 땀을 흘릴 정도록 운동을 해도 좋고 유산소를 뛰어 나가도 좋고 자기만의 기준을 갖고 시간에 몰두해서 사용할 수 있는 여유를 가졌으면 좋겠다.

또한 효과적인 방법은 기간을 정해두고 슬퍼하는 것이다. 슬픔이 찾아왔을 때 모른 척도 해봤고 어서 와라, 하는 고독을 즐기려는 방법도 생각해봤지만 소용이 없었다. 슬픔이라는 건 이런 생각 또한 단숨에 꿰뚫고 들어오기 때문이다. 슬픔을 외면한다면 당장은 효과를 볼 수 있지만, 언젠가는 묵혀 두었던 슬픔이 자꾸만 눈물로 빠져갔다. 나는 사람을 많이 만나고 싶어했고 그런 욕구들이 더욱 큰 우울감으로 빠져들게만 했었다.

겉으로 보기에는 분명 괜찮아 보여도 웃어도 웃는 게 아니었다. 슬픔을 외면하니 더 힘들어진다는 사실을 깨닫고는 슬픔을 피하지 않기로 했다. 그런데 그것은 그것 나름대로 부작용이 또 있었다. 밑도 끝도 없이 슬퍼해지니깐 몸도 마음도 강박이 생겨 아프기만 점점 걷잡을 수 없이 피폐해졌다.

지금 시간이 흐르고 있는지, 모든 상황이 노래 가사가 지나가는 사람들이, 눈이 흐려져가고 머리가 띵해 이명소리가 들려오기 시작했다. 내 살까지 무감각해졌다. 이대로는 내 삶이 인생이 내가 보고싶은 꿈들이 추억들이 멍 때리면서 사라질 것만 같았다. 위태로워지기 전에 생각이 들었다. 그러면 어떻게?
 방법으로는 기간을 정해두는 것이다. 일주일이면

일주일, 한 달이면 한 달 딱 그 때까지만 온전히 슬퍼하고 그날 이후로는 일상으로 다시 돌아오는 것이다. 자기 자신과 손가락 약속이다. 어느 누구도 아픈 손가락을 함부로 대하지말라고 약속을 하는것도, 약속을 지켜 내는 것도 나의 몫이다.

물론 오차 범위부터 상황에 따라 변수가 생긴다. 오늘만 내일까지만 생각했던 나의 약속의 슬픔은 조급하게만 생각해 생각대로 되지 않아서 아 난 안되나보다, 쉽게 포기하지 말라는 얘기이다. 장거리 마라톤 처럼 길게 보고 생각하고 내가 한달만 힘들고 슬프기로 했었지, 벌써 한 달이 넘었네? 이라는 생각이 떠오르게 연습이 필요하다. 그러면 슬픔도 차차 줄어들고 자신을 위해 나아진다.

그 다음은 일어날 일과 일어나지 않을 일 아무도 우린 아무도 모른다. 우린 처음 태어나서 세상을 바라보는 바보같은 지구에 사는 우린 대단한 것이고 모두가 다 처음 살아보는 인생인데 하고 싶은 것들을 전부 해봤으면 좋겠다. 수없이 걱정해도 막상 그 상황에 직면

하면 언제 그랬지? 라는 마음으로 처음부터 시작하게 될 테니깐 또 잘할 테니깐. 그래왔으니깐. 그래, 따지고 보면 우린 다 처음 살아보는 사람들이다.

올해를 겪는 것도, 오늘 하루를 겪는것도 지금 이 순간을 겪는 것도 다 처음이다. 처음이 두렵고 막막한 건 어찌보면 당연한 일 시작이 절반이듯 우린 우리를 잘 알고 벌써 절반을 왔다. 그러니 걱정하지 않아도 된다.

당신은, 당연한 삶을 살고 있으니깐 실패를 한다 해도 땅 위를 걷다가 돌부리에 걸리고 흙탕물에 빠지는 정도일뿐 돌부리에 걸려 넘어지면 다시 일어서면 되고 흙탕물에 빠지면 깨끗한 물로 씻으면 그만이다. 괜찮다 우린 그 실패가 미끄러진 흙탕물에 빠진 정도가 다리를 못쓰고 부러질 정도라면, 나는 지금 큰 선물을 받으려고 하는 시험이다. 얼마나 큰 선물이길래 이런 시련이 찾아오는 걸까? 멈추지 말고 더 성장하는 거다. 더 넓은 세상을 품을 그릇 자격이 있는지, 더 큰 영예를 누릴 자격이 있는지. 강해지고 더욱 단단해지는 거다 우린, 결국에는 알겠지 어제도 알았고 오늘도 알았고 내일도 알거니깐 혹시 알아? 더 나은 내일이라는 행복이 있을지 말이다.

마음

마음먹었다면 그 마음에 충실해

부족함을 수용하고 변하기 위한 마음과
다르게 흐르고 있다는 것을 깨닫게 되었다.
늦었다고 생각할때 정말 되돌릴 수 없다고 생각하였다.

먹먹한 마음과 가뿐하지 않는 막연함만이
자리잡고 있어서 두려웠다

내면 깊숙히 변하고 싶은 마음은 그대로인데 자꾸 작아진다.
있는 그대로를 좋아해주는 사람 그것도 내 모습인데

틀린말 없이 쉽게 끊어졌다고 실망할 필요없이
다른 방향으로 시작하면 또 이 자리가 나였음을 알 수 있었다.
이제 시작이고 마음 먹었다면
그 마음에 충실하게 사는 게 나답게 만들 수 있더라
그게 나였다.

누구하나 아픈 손가락이 없음을

고등학생때 나는 정말 열심히 달렸던 거 같다. 아침에도 수업 시작 하기 전에도 점심시간에도 방과후 시간까지도 나를 뽑아준 반아이들의 투표의 가치가 더욱 빛나길 원해서 내가 지친줄도 모르고 선생님을 따라다니기 바쁘고 황보인이라는 사람은 잘보여야한다는 강박에 마음이 바빴었다. 살면서 처음 해보는 역할 무게감은 정말 컸지만 매일이 웃음으로 친구들을 당당하게 다가섰던 거 같았다. 이게 원래 내 모습이지 하면서 말이다. 속으로는 얼마나 괴로웠을까 매일 친구들 끝나고 집을 갔을 때 부드러운 말투로 한명한명 수고했다. 반톡에도 선생님께도 모든 열정적이기만 한 나였다.

그런 나는 잘하고 있다 생각했었다. 멀어지는 수단

을 가리는 거라곤 생각조차 못했으니깐. 나는 이게 옳고 맞다고 생각해 더 많이 할 수 있는 역할을 탐내왔었다. 초, 중 은따 당하고만 지냈던 삶이 방식이 나를 찌질함의 표본으로 가져왔으니깐 무시당할 수 밖에 없었으니깐 하고싶었다. 하지만 할 수록 더 큰 자리를 가질 수록 나 자신을 부정적인 사람으로 만드는 거 같았다. 충분히 멋진 나였음에도. 나름 시도하는 것마다 일이 잘 풀렸었다.

주변 관계도 좋게 봐준 사람도 있었고 예의바른 마음 덕분일까 잘 어울리거나 적응을 하지 못하는 친구를 바라볼때 내 과거의 모습이 떠올라 오지랖이면 또 도와주고 싶어서 점차 시간을 두고 지켜보면서 하나 둘씩 도와주고 같이 다니고 이야기를 들어준 덕분일까 나를 믿고 점차 할 수 있다는 모습을 보여주었다.

그리고 나에게 말해왔다. 너가 힘들일이 뭐가 있겠냐라고 조용했던 그 아이는 내가 부러웠던 거 같다. 아무리 달리고 내가 지친다한들 티내지 않으니깐, 하지만 당시 나는 시선과 나의 부족함을 보이면 자질이 없어보일까 조마조마한 상태에 괴로워하고 있었다.

대신 난 정말 멋진 형을 부러워했는데, 그 형이야 말로 힘든 일이 전혀 없어보였다. 시간이 지나서 친해진 그 형은 나에게 중학생 때부터 매일매일이 고욕이었다고 솔직하게 이야기를 꺼내었다. 나는 깜짝놀랬었고 신기한 일이었다.

그 아이도 틀렸고 나도 틀렸다. 우리는 자신에게 결핍된 부분을 가진 누군가를 볼 때 그 사람의 인생은 완벽하다고 느낀다. 하지만 우린 과연 타인에 대해 얼마나 알고 있을까? 드라마 '나의 아저씨'에서도 겉으로는 다들 티를 내지 않았을 뿐 진실을 알고나면 정말 극까지 내려간 사람들이었음을. 우리는 겉으로 드러난 모습만 보며 타인의 삶과 무게를 짐작하지만, 타인의 눈에 비친 우리의 모습이 전부가 아니듯, 우리는 각기 다른 상처와 아픔을 결핍을 가졌으며, 손상되지 않은 삶은 없다.

그렇기에 알아야 할 분명한 진실은 사실 누구의 삶도 그리 완벽하지는 않다는 것이다. 때론 그 사실이 위로가 될 것이다. 그렇게 살아왔으니깐.

바오밥 나무

행복은 늘 돌고 돌아
가끔 아무 이유없이 기분 좋을때,
가끔은 살아 숨쉬기도 힘이들때,

지금 순간에도 아무것도 하기 싫은 날에도
가는 길이 잘하는지 의심이 의문을 품기도

아무도 모르는 삶속에
순간에 모르는 인연속에도

마음가득히 돌아봤을 땐 멀리 왔음을
정답 없는 선택은 후회라는 앎을 알고

행복을 찾아 우린 지구본을 돌리고 있을지
하소연 웃음기 가벼운 목소리 타며
또 다른 하루를 이겨내고 있을지 모른다.

소중한 시간 소중한 나에게

　누구보다 집에 더 빨리 오게 된다면 tv시청부터 했던 거 같다. 투니버스부터 니켈로디언 채널에 들어가서 캐릭캐릭채인지, 안녕자두야, 둘리, 티미는 수호천사, 도라에몽, 짱구는 못말려, 겁쟁이 강아지 커리지, 꿈빛 파티시엘, 쟈니테스트, 아따맘마 여러가지를 보고 또 봤던 거 같다.

　주머니를 열면 신기한 도구들이 나타나서 꿈만 같은 일들이 일어나는 줄만 알았다. 수호천사가 자는 동안에 나타나서 특별한 힘이 생긴다던가 정말 다양한 생각을 했었다. 특별한 힘까진 아니더라도 나이를 먹으면, 세상을 구하는 영웅은 아닐지라도 어딘가 특별한 어른이 되어있을 것만 같았다. 하지만 현실의 나는 평범한 어른으로 화려한 삶도 아니며, 자유라고 말하기도 어려웠다.

　다른 점으로 생각해보면 평범한 어른중의 한 사람이 되었다는 사실을 깨닫는 지점, 어른 시절 내가 그렸던 모습은 떠나보내는 지점 물론 그 순간이 슬프고 씁쓸하기는 하다. 하지만 어린 시절의 환상과 기대감에서 벗어나 특별하지 않은 보통의 존재로서 자신의 삶을 꾸리는 것 어른이 되고나서 아는 것도 그런것인지도 모른다.
　어릴 때부터 여러가지 꿈이 지구를 지키는 일이 아닐지라도 다른 남들을 위한 일이긴 하였다.

　응급구조사부터 소방관 심리상담사 피아니스트 개인 1인 레스토랑 창업이다. 나중에 내 소식을 듣고 친구들이 배가 아픈 일을 일으키는 것도 아니고 나를 위한 일이지만 특히 가족들이 자랑스러워 했으면 하는 바람도 있다. 글은 나를 일으키는 정도 쓰고 싶은 열정이고 조금 더 잘해보고 싶은 건 사람과 관계에서 나만의 능력을 잘 활용하는 것이다. 가족들과 함께 더 소중한 시간을 보내고 싶고, 내가 좋아하는 사람 나를 좋아하는 사람과 함께 다양한 시간을 보내고 싶고, 내가 배운 것들로 마음껏 시간을 보내고 싶고 다양한 사람들과 만나면서 세계여행을 떠나보고 싶다.

어른의 사춘기는 자신의 평범함을 인정하고 그 안에서 자신의 삶을 채울 수 있을 때 종결 되는 것이며 우리는 그 순간 진짜 어른이 될 것이다. 더욱 자신의 목소리에 집중하고 관심을 기울이며, 나는 지금까지 어떻게 살아왔는지 어떤 가치를 실현하는지 무엇에 행복해지는 사람인지 나는 남과 어떻게 다른지 감각을 봐라. 물론 많은 양의 지성과 노력이 필요할 것이다. 의존심을 버린다는 게 두려울 수도 있다. 그러나 그 고민과 위기의 순간을 지났을 때 비로소 스스로가 신뢰하고 존중할 수 있는 나다운 삶이 시작될 것이다.

우리가 기대에 부응하기 위해 애써야 할 유일한 존재는 나 자신뿐이다.

계절

겨울친구 봄
차가운 꽃들이 따뜻한 꽃들로
꽃은 졌다가도 다시 피는 봄

다시 웃으며 필때쯤
좋은 곳에서 편히 쉬길 바라며

받은 만큼 향기가 가득한 꽃은
모두가 웃어줄거고

이번 생애 주인공도 엑스트라도
모두가 웃어줄거다

첫사랑은 누구에게나

 첫사랑은 누구에게나 가지고 있는 추억이다. 보고 있어도 좋아하고 웃어서 좋았고 함께했어서 좋아했었다. 초,중,고,대,직장을 다니면서 영원이라는 생각으로 만났지만 상대방의 누군가의 상당한 노력에도 불구하고 짧던 길던 시간을 뒤로하고 거리를 둔다.

 나 또한 초등학생 때 첫 연애라기엔 민망하지만 좋은 사람과 만나서 짧지만 서로 좋아하는 감정을 통해 알 수 있던게 있었고 고등학생 때 쓰리고 아팠지만 함께 했던 사랑은 정말 뜨거웠기에 감사했던 사랑이었다. 대학교를 가서 여러 사람들과 만나 사랑을 피어냈지만 결국엔 좋은 관계를 이어가는게 이리 어려운 건지. 또 만약 다른 사람 이 사람과 시작한다면 이 사람과의 유효기간은 언제까지일까? 우리는 또 어떤 경험을 하면서 어떤 모습으로 서로를 기억하게 될까? 기억에 남을 것일 생각하는 건 결국 헤어질지 모른다는 생각을 시작하기도 모른다는 생각을 시작하기도 전에 갖는 걸까.

    이별에 겁먹기 시작한 내가 불안정했고 어떤 형태로든 남고자 방법을 찾고 싶었다. 헤어질 것이라 생각하면 시작과 방향도 그쪽으로 흘러가므로 헤어질 것이라는 걱정 대신 어떻게 하면 이 사람과의 인연을 건강하게 이어갈 수 있을까를 고민하기로 했다. 그리고 그 고민 끝에 새끼손가락을 걸고 맹세한것을 시작하게 되었다.

    나에게 주는 사탕발린 위로가 아닌 약속이고 맹세이다. 살아가면서 함께할 수 있는 사람이 있다는 건 무척이나 감사한 일이고, 우리가 서로를 좋아하고 사랑하는 이유또한 나를 인정해주고 언제나 지지해주는 서로의 단 한 사람을 얻기 위함이 아닐까 생각한다. 사랑을 글로 배울 수 있는 것도 전문가는 없다고 본다. 그 이유를 내가 지금 사랑하고 있는 그 사람을 가장 잘 알고 있는 사람은 어떤 책이나 누군가가 아닌 그 사람과 시간을 함께 나눈 바로 나이기 때문이다.

　서로의 과거와 다가올 미래가 소중한 오늘을 함께 만들어가는 것이다. 같은 시간을 함께했어도, 서로의 가슴속에 다르게 기억되겠지만, 문득 떠오를 때 기분 좋게 웃음 꽃 필 수 있도록 그래도 사랑이기를 당신이기를 바란다.

시작

가까운 듯 멀어진 사이는 되돌릴 수 없을까 생각해봤다.

엎질러진 물 다시 담을 수는 없지만 다시 채울 수는 있다.

중간지점에서 쉬어가고 다시 출발하면 이 지점이 시작이다.

되돌릴 수 없는 시간 속 거리를
나는 다시 또 다시 만들어낼 것이다.

흔들리며 피는 꽃

나에게 가르쳐준 가짐 지나가는 연인에 연연하지 말자 누군가 사라지는 것은 새로운 사람의 등장을 위함이다. 당연하게 주어지는 관계란 없음을 기억하고, 더욱 소중히 여기며 사랑을 표현할것 삶의 모든 모든 것을 통제하며 살아갈 수는 없다는 것. 인생을 뒤흔드는 일이 발생할 수 있지만, 내 능력 범위 밖에서 일어나는 일까지 억지로 끌어안을 필요는 없다는 것이다.

때로는 흘려보는 지혜가 필요함을 기억할 것.
어떤 순간에도 나를 믿어줄 사람은 자 자신이라는 것.
내가 지닌 최고의 자산은 내, 몸, 시간,
내 마음이니 그것을 잘 가꾸어야한다.

어떤 어려움 앞에서도 단단함과 탄력성을 가져야 한다.

앞서나가기 위한 필요한 강렬한 무엇가가 아니라, 꾸준함과 일관성이라는 거다. 이루고자 하는 것을 향해 차근차근 나아가다 보면 마주할 수 있는 풍경이 있고 그것은 보기 위해 필요한 건 인내심이다.

인생을 함부로 대하지 말자. 행복과 불행이 하나로 뒤섞여 도저히 예측 할 수 없다는 것이고 그럴 때일수록 작은 성취를 하나씩 쌓아가야한다. 사소한 즐거움으로 하루를 채워나갈 수 있어야 한다. 오늘 몫의 우울이 내일을 집어삼키지 않도록 우린 내일이 있으므로 오늘도 어제도 그 다음날도 나는 날 알고 있을거니깐 말이다.

해와 달은 품은 고래

시간은 얼마나 흘렀을까

해와 달 속 수많은 별들이 지나
또 다른 우리가 만나기를

만나기까지 우리는 어떤 선택지를 골랐어야 행복했을까
때로는 좌절하기도 했지만, 헛된 노력은 없었음을.

끝없이 쏟아지는 별들속에 그 아래 서있는 우린
끝없는 잠재력을 품고 있을까

곁에 두고 싶은 사람

사랑하는 사람에 대해 연인에 대해 적어봤다면
곁에 두고 싶은 사람에 대해 적어보려고 한다.

자신의 일에 열정이 많은 사람,
말을 예쁘게 하는 사람,
상대방의 상황과 속마음을 잘 알아차리는 사람,
부담없이 표현을 아낌없이 할 줄 아는 사람
같이 있으면 설레고 곁에 없어도 안정감을 주는 사람,
공감을 잘해주면서도 현실적인 조언 또한 스스럼없이
해주는 사람, 사람을 소중히 여기는 사람,
이성과 감성을 동시에 겸비한 사람,

건강을 잘 챙기는 사람,
멀리 떨어져 있어도 바로 옆에 있는 것 같은 사람,
숲을 내다볼 줄 아는 사람, 완벽함 속 작은
빈틈이 너무 귀여운 사람,
배울 점이 많아서 서로의 결핍을 채워줄 수 있는 사람.

사랑은 노력하고 헌신하는 게 아니더라 너무 줘도 좋지않고 너무 안주더라도 그거대로 좋지는 않다. 서로의 발걸음 호흡으로 보폭을 맞춰 앞으로 같이 나아가는 것이 사랑이라고

모래시계

시간은 무척 빠르게 나를 스쳐 지나간다.
겨울 끝자락에 남은 나는
지난번 겨울을 되살려 나를 지나가보려고 한다.

환한 미소로 가득한 사람들 품에서
이미 나는 내가 지키고 있었다.

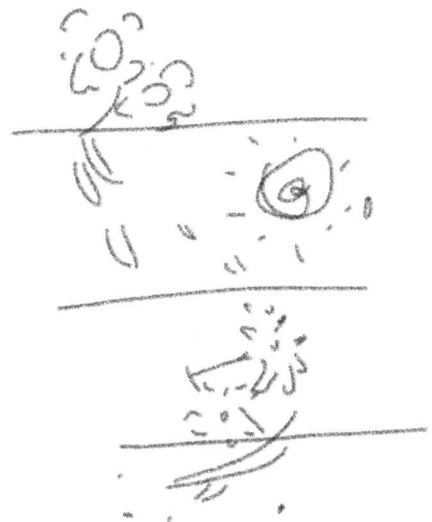

나를 알 수 있는 연습

성인이 되서는 생각부터 달라지는줄 알았다. 그 누구보다 더 대단하고 특별한 사람이 되고 싶었다. 하지만 그 누구는 같은 농도에도 빛을 내고 아직 제자리 발걸음을 치는 모습을 거울로 통해 보게 되었다. 어린 나이인 내가 그렸던 그림 속 어른인 나는 어디에 있을까?

누구보다 높이 올라가려고 욕심을 내다가 알게 된 건, 이 세상의 적은 남이 아니라 나 자신이라는 사실이었다. 갖고 싶은 거라면 탐내고 싶어하는 욕구가 생겼었다. 빨리 일어나야하는 나, 더 자고 싶어하는 나, 그만 먹어야하는 나, 더 먹고 싶은 나 공부 해야하는 나, 쉬고 싶어하는 나, 내가 싸워야 하는 상대는 남이 아니라 매 순간의 나였다. 내가 조금 더 나은 사람이 되느

냐 조금 더 못난 사람이 되느냐 혼자만의 싸움이었다.

　나는 때로는 더 나은 사람이 되려고 해보지 않았던 시도도 많이 했었다. 대회활동이라던지 봉사활동으로 사람들을 많이 만나보기도 가끔 발표 대회 참가로 목소리를 크게 내는 용기도 얻을 수 있었다 그리고 때로는 부족한 사람이 되기도 했다. 누구보다 높이 올라가려고 욕심으로 탐냈던 것들이 무너지는 순간이 찾아왔었고　어느순간 나를 깎아내리는 말들로 위축이 되기도 했었다.

　언제는 잘 해내다가 또 언제는 엉망진창이라 누군가에게 기억이 남는 나라면 괜찮았던 사람으로 기억할 테고 누군가는 못난 사람으로 기억할 것이다. 한가지 확실한건 남과 싸우는 것보다 나와 싸우는 게 더 힘들다는 것이다. 나는 나를 이길 수도 없고 질 수도 없기에 눈앞의 편한 길을 선택하면 나중에 힘들어지고 힘든 길을 선택하면 지금 이 순간이 힘들다.
　매 순간 나와 싸우다 보니 한가지 깨달은 점이 있다. 그토록 원했던 높은 하늘위에 있는 것들은 내 하늘위에 둥둥 떠 있는 것이 아니라, 내 안에 있다는 것이라고 알게 되었다. 내가 하늘 위에 있다고 생각하면 하늘 속에 있는 것이고, 내가 땅 속에 있다고 생각하면 땅 속에 있는 것이었다.

 결국 중요한 건 내 마음이었다. 내가 있는 이곳도 남이 정해준 기준이 아니라 스스로 정하는 것이다. 나는 그것도 모르고 지금껏 머리를 치켜들고 있었다. 마음을 보아야 했는데, 엉뚱한 곳에 눈길을 주고 있었다. 내가 들여봐야 하는 건 내 안에 있는 마음이다. 내 마음이 진짜 원하는 것이 무엇이고 어디로 향하고 있는지를 아는게 중요하다. 그걸 알아야, 내가 빛날 수 있는 자리를 찾을테고 그곳이 곧 하늘이 될테니까. 지금의 내 모습이 고물일지 보물일지 아무도 모르고 그 누가 판단할 수도 없다.똑같은 나의 모습을 보고도 어떤 이는 장점이라 말하고 어떤 이는 단점이라고 말한다. 애초에 정해진 건 없으니깐 아직 인생의 반도 살지 않았는데 어쩌면 반의반도 살지 않았는데 말이다.

 나는 사람들의 평가에 기죽지 않기로 했다. 또 누

군가는 나에게 손가락질을 하겠지만, 괜찮다. 어떠한 다른 누군가는 손바닥으로 머리를 쓰다듬어 줄테니까 말이다.

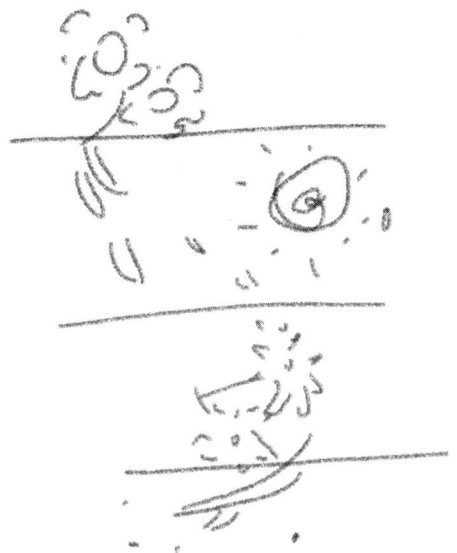

안개

안개 속 밤이 깊어져간다.
평화와 자유를 믿고있던 신념이
순수한 찾아온 벽으로 낯선 다가올 낮에 간절함으로
편안한 물결에 예민이 짙어졌다.
무엇을 찾고 있던 걸까
사랑일까 동경일까
까먹지 않고 변함없는 고마운 마음은
노트에 찾아 내려오기까진
손가락질과 벽돌이 오기전까지
모두 지키려는 내 마음이 멀어지기 전에

바뀔 수 없단 걸 알기에
악질이 된 나는
처음 찾고 있던 바람이
나를 멍들게 하는 줄 모르고
스스로 떠나게 만드는
무덤으로 파는 발악이었던 모진 행동이었음을
솔직한 감정을 노트에 적어 오기까진

눈감아야 보이는 것들에 털어놓고 싶어졌다.
인간 관계에 상처를 받는건 항상 내 몫이고
넌 편해 그래 더러운 놈들 사이 상처 받기싫음
내가 제일 악질이 되면 그만인데도 그래 그건 싫지

작은 사회 축소판 학교를 넘어
사회생활은 다양하게 나뉜다.
회사 알바 내가 가는 곳 어디든
뚜렷한 가이드라인 또한 없고
언제 어디까지 어떻게 해야 가치를
인정받을까 성적표 또한 없다.
그래서 스스로 자신의 가치를 인정하고
느끼면 된다.

어리고 또 어린 나

 같은 조모임이나 활동하는 시간에 각자 역할을 맡고 제 각각 할 일을 해야했지만 항상 나는 이끌어가는 방향이라 모든 내가 하는 기분이었다. 쉽게 부탁을 거절하는 편도 아니었고 싸우기 싫었다. 그냥 내가 하고 끝내자 라고 누군가를 미워하고 싫어한다는 게 정말 피곤하고 힘든일이기에 그 상황마저 돌려 피하고 싶었다.

 점점 나이를 먹고 그때의 나를 떠올리며 왜 굳이 이렇게까지 라는 생각이 들었다. 팀플도 나랑 맞지 않는 사람이면 그냥 멀어지면 그만인데 말이다. 누군가를 싫어하는 건 인간적인 범위 안에 들어가는 실수라 생각했다. 하지만 내가 철이 없구나, 나의 잘못은 언제나 인간적인 실수 안에 있다고 생각하면서 친구의 잘못은 인간적인 실수에서 벗어난 것이라고 생각했을까. 사실 이기적인 마음이야 누구나 있고 그 친구 역시 그저 철이 없던 건데 말이다.

나는 내가 좋아하는 면들만 '나'라고 생각했다. 좋아 보이는 것은 드러내고 좋아 보이지 않는 것은 감추고 싶은 어린 내 마음이 무척 참으로 씁쓸했다. 이기적인 친구들을 싫어했었고 나는 이기적인 면이 없는 완전한 사람처럼 굴면서n내가 좋아하지 않는 나의 다른 면들이 드러날땐 못본척 모른척 무관심하게 지나갔다.

내가 좋아하지 않는 면들은 내가 아닌 척 위장한 것이다.

나는 나 자신에 대해 얼마나 오만했는가. 건강한 내면을 가지기 위해서는 이젠 화해하는 것이 최선의 방법이라고 생각했다. 우리는 한가지 감정만 가지는 게 아니라 누구나 인정하기 싫은 찌질함과 이기적인 마음, 흑역사가 있다. 그런데 내면의 모습을 보기 싫다고 인정하지 않으면 자기 개념은 뒤죽박죽 되어 진짜 자신을 인식할 수 없게 되고 통제 할 수 없게 된다. 우리가 보다 건강한 나를 만들기 위해서는 자신의 부족한 모습까지 자각하고 수용하는 것이 필요하다.

그러니 자신의 싫은 면들도 인정하자 있는 그대로의 자신을 만날 때 감춰둔 욕망의 허용치를 둘 수 있고 그 허용치 만큼 자신에 대해서도 그리고 타인에 대해서도 관대해질 수 있다. 우리는 누군가가 완벽하지 않아서 싫어하지 않는다. 완벽한 척하는 그 오만함에 질리는 거다. 완벽해질 필요도 이유도 없다.

우린 우리를 위해 나아가면 되는거다.

꽃

맑은 날이 나를 더 나답게 만들어주면서도
평소와 다른 감정이 이상하게 다가오더라.

가끔 딴 생각이 시간의 익숙함을 무뎌지게 하기도
기대되게 하기도 하고 함께한다면 무거운 마음도 잊게 만드는
나를 숨 쉴 수 있게 만들어주는 꽃

온 마음 원동력처럼 감정을 뒤 흔들더라.

바디프로필

 다들 원하는 워너비같은 몸매가 있을 것이다. 이상형에서도 자기관리 하는 몸부터 건강한 사람을 나또한 운동을 꾸준히 하고 좋아하는 사람이지만, 헬스는 정말 싫어했다. 몸을 움직이는 것부터 귀찮았고 가면 사람들 운동하는 모습만 보거나 운동기구 하나를 자치하는 느낌이라 기죽어서 잘 안가게 됐다.

 하지만 운동은 정말 좋아했다. 특히 유산소부터 맨몸운동이다. 집에서 돈 안들고 할 수 있다는 장점으로 내가 키도 작고 외소했다면 몸을 키워본는 방법이 있다고 무작정 하루 4끼에 식단으로 바꿔봤다. 결과적으로는 살은 54에서 79까지 갈 수 있었다. 하루 아침에 나오는 게 아니라 꾸준히 하다보면 생각지도 못했던 순간들로 돌려받는 기분이었다. 노력은 배신하는 날도 오지만, 꼭 그러지만은 않다.

내가 생각하고 원하는 걸 마음먹고 실행에 옮기기만 했다. 늘 생각만하고 움직이지 않았기에 발전은 커녕 반도 가질 못했었다. 이런 나태한 나에게 인생에 기회를 주고 싶었나보다. 인생에 있어서 결과가 어떻든 꼭 하고 싶은 게 있다면 생각만 하지말고 했으면 좋겠다. 그게 무엇이든 말이다.

나에게 쓰는 편지다. 안녕 잘 지내? 어른이 된 다면 무엇을 하고 있을까 문득 물어보고 싶다.

어린 나는 어땠니? 하고싶은 게 많았던 꿈나무가 무럭무럭 자랐으면 하는 바램이야. 가족분들은 잘 계시고? 오직 너가 하고 싶은 것들로 상처받지 않았으면 하는 밤이야 하루하루 뿌듯하게 지내는 모습은 너만 알고 있는 인생이고 아무도 너를 함부로 대하지 못해 절대 변할 수 없는 변함없는 삶이니깐 난 나라서 너무 기쁘고 앞으로의 모습이 더욱 잘 됐으면 좋겠어. 아니 잘

될거야 나는 나니깐 지켜봐줘 앞으로 어떻게 행복하게 사는지 말이야.

풍선

눈속에 비추던 모습
새장 속에 갇힌 감정은 풍선을 타고
허공에 던지듯 공허함으로 타고 올라간다.

잔상으로 남은 계절은 모두가 올 때 나는
웃음으로 받은 만큼 꽃잎으로 남아있을것이다.

행복은 늘 내 곁에

시련은 누구에게나 다가온다. 사람이 각자 사는 방식은 다양해서 언제 어디에서 멘탈을 무너뜨리는 적을 만나는 것은 불가피 한 일이다. 겪게 되는 각각의 고통과 어려움은 대처하기 어려운 상황에서 우리를 겁주고 무너지게 끔 상황을 만든다. 그러니 우리는 우리의 자신감과 낙관성을 갉아먹는 체념과 절망을 이겨내도록 마음을 훈련해야한다.

그 중에서도 자기연민, 자기 의심, 내면의 비판, 두려움, 완벽주의가 있다. 자기연민은 의욕을 떨어뜨리고 에너지를 낭비하게 해서 어려운 상황속에서 꿋꿋하게 견디기 보다 이러한 마음가짐이 태도로 자신의 결심을 무너뜨린다. 자기 의심은 이게 맞을까? 이렇게 해도 괜찮을까 라는 확신이 없어서 행동에 나서지 못할 때 가로막힐 위험이 있다. 내면의 비판은 자기의심과 비슷한 맥락으로 인지적 결단력에서 영향을 준다는 점이다. 내면에서 자신이 바라는 성공에 자기 스스로 어울리지 않는다며 잔소리를 하기 시작한다는 것이다.

자기가 하는 모든 일에 흠을 내고 내가 하는 생각이 다른 사람도 그렇게 생각할 것이라고 다그치는 안좋은 생각이다. 우린 남들의 기대에 부응하지 못할까 봐 두렵고 실망 시킬까 두렵고 자기 자신의 기대에 미치지 못할 것도 두려워한다. 무언가를 하고 나면 반드시 재앙과 파괴가 뒤따를 것이라고 생각하는 것이다. 만약 두려움이 습관이 된다면 마음 한곳에서 행동에 나서기도 전에 시도조차 어려운 상황을 만들어낸다.

대다수 사람들은 자기가 완벽하지 않다고 기꺼이 인정하지만 몇몇 사람 나를 포함한 완벽주의에 빠져서 그렇지 못한 나를 불만을 품기도 했었다. 그 사실을 좀처럼 받아들이기 어려웠었다. 완벽주의에서는 일을 완벽하게 끝내야 한다는 생각처럼 우리의 행동을 철저히 가로막는다. 강한 멘탈로 이러한 습관을 줄이는 효과적인 방법이 있다. 어디에서나 무언가를 하는 중에도 몇분이라도 좋으니깐 두 눈을 감고 가만히 앉아서 호흡을 다듬는다. 세상 생각을 잠시 멀리둔다는 마음으로 명상을 해주는 방법이 건강한 멘탈에 연관이 있어서 효과를 줄 수 있다.

또 하루를 보내는 동안 소소한 위험을 감수해볼 것을 추천한다. 일부로 실패도 해보고 실패에 대한 두려움과 불안감을 덜어낼 수 있는 방법중 하나이다.한 번도 시도 해보지 않았던 메뉴를 주문해도 좋고 떨어질 각오로 공모전이나 시험에 도전해보는 것도 나의 객관적인 평가를 받아볼 수 있는 기회인데 떨어지면 좀 어떤가? 이 과정에서 실패라는 두려움은 서서히 잊고 오히려 실패는 배우고 성장 할 기회라고 여기게 될 것이다.

오늘 할 일을 보면 분명 뒤로 미루거나 아예 피하고 싶은 일들이 있을거다. 일을 수행하는 데 필요한 정신력을 끌어모은건 사실 어렵다. 실행하기 전 행동으로 옮기기 까지가 어려운 나였다. 하지만 우리는 해야한다. 하기 싫고 하기 어려운 굴레에 빠져서 시간을 낭비하지 말고 일을 완수해야 할 이유에 초점을 맞춰 생각해야한다. 직장 생활이나 아르바이트 사무일을 하다보면 일에 손이 잘 안가거나 집중이 어려워 딴 생각들 하면서 시간을 보내고 싶은 마음이 생기기 마련이기 때문이다. 나또한 그래왔고 이럴때는 왜 해야하는지 이유와 원인을 만들어 완수해야 할 이유를 상기 시켜보는 게 가장 효과적이다. 의지가 부족할 때, 일 하기 싫을 때 우리가 무엇 때문에 하는지 다시 마음을 잡아 행동으로 나서게 도와줄 거다.

우리 주변에 있는 가족과 친구들 그리고 직장속 사람들은 나를 알기에 해주는 말이 악담이나 못되라는 말이 아니라, 전부 나를 위해서 해주는 말이기 때문에 내면의 비판을 내면의 낙관으로 바라보고 대체 가능하다. 그 덕분에 자신을 바라보는 방식이 달라지고 주변 세상에 긍정적인 영향을 끼칠 수 있는 능력을 갖추게 될 것이다. 안전한 울타리 안에서 벗어보는 것도 강한 도움을 주기도 한다. 가끔은 집에서 말고 밖에 나가서 활동도 해보는 것이 좋다.

안전지대 밖에 있는 사소한 일을 자꾸 시도해보는 것도 추천한다 불확실성에 불편함에 익숙해져 보는거다. 강한 멘탈력을 유지하는 것은 멘탈력을 기르는 것만큼이나 중요하다 고칠 수 있는 것과 할 수 있는 범위에서 일상에도 도움이 되었으면 한다. 예기치 않은 삶의 난제와 장애물에 부딪힐 때마다, 자기의 힘을 믿고 어려움도 쉽게 극복해낼 수 있을 것이다.

비오는날에

따스한 햇볕은 비가 그리웠나봐
쨍쨍한 노을 너머 배를 타고 녁이 오나봐
비가 내린다.

그리웠던 추억을 데리고
축적된 기분은

가라앉은 마음으로
사랑이라고 불렀던 빗노래를 불러본다.
떨어지는 방울에 감정은 무뎌진다.

내가 흘렸던 물방울은 얼마나 많을까
흘러 넘친 바구니를 같이 지켜보았다.

떠들석한 반응에 다들 no라고 말하지만
나는 그럼에도 불구하고 Yes라고 대답할 것이다.

동기부여

 79까지 가고 나서는 살과 근육이 붙어서 그런지 얼굴이 동그란 만큼 행복했다. 마냥 즐거웠고 자신감이 저절로 생기더라고 그런 내 모습은 생각도 못했는데 말이다. 긍정적으로 마음을 먹게 되니깐 어려운게 없더라고 눈에 보이는 것도 밝아보였었다. 운동을 하고 나서도 건강도 생각자체가 좋아졌다. 먹고 싶은 걸 충족해서 그런가? 여태 56일때는 어떻게 된걸까. 자신감부터 자존감은 정말 중요한 거다.

 여기서 더 동기부여가 될 수 있는 방법이 없을까 고민을 많이 했던 기억이 있다. 가족들과 저녁 식사로 보쌈을 먹고 있던 도중에 바디프로필을 찍어볼까 라는 말과 함께 살을 빼겠다고 다짐을 했었고 정말 그 다음날부터 다이어트를 시작하게 됐다. 먹고싶은 밥도 아예 안먹고 극단적으로 말이다. 7일 갔을까, 정말 머리도 아프고 너무 힘들었다고 말하고 싶었다. 탄수화물을 적절하게 못먹고 아예 안 먹어버리니깐 말이다. 꾸준한 운동은 집에서 맨몸운동으로 달렸했었고 추가로 점심에만 기본 일반식을 먹고 나머지는 전부 관리하는 몸으로 커팅을 시작했다.

고3 20년도 코로나 때문에 학교를 못갔을 때 정말 밖에도 나가질 않고 스물 새해 술 마시는 약속 또한 피하고 21년도 2월14일날 바디프로필을 찍게 됐다. 정말 아낌없이 포징부터 내가 원하던 음식을 먹고 행복이라는 걸 가까이에서 마주할 수 있었다. 최고의 경험이 아닐까 싶어 기억이 새록새록 사진이 추억으로 남겼다. 23kg 이라는 숫자를 감량하고 또 내가 마음만 먹으면 할 수 있다는 사람이라는 것을 나 스스로 칭찬하게 됐다.

나는 독한 사람이다.

하루

해가 바닥으로 고개를 내밀고 하루가 나를 반긴다.
가을의 태양은 여름의 익숙함을 달래주고 따스한 향기로 흔적으로 남아있었다.

새로운 시작은 나를 설레게 만들어주었고
죽을각오로 못다한 약속을 꼭 지켜낼것이다.

자존감, 자신감을 바꾸다

부정적인 생각이 넘친다는 건 나쁜 것만이 아닌 좋은 징조로 바꿀 수 있다. 내가 지금 너무 마음에 여유도 시간도 넘쳐나는구나 배부르는구나 생각하면 행동도 마음가짐도 바뀌기 때문이다. 몸은 편하고 쉽게 가지려하는 습관 쉽게 가려는 마음또한 외롭고 힘들다고 생각이 들때면 자기 자신을 탓을하거나 밤 낮 가리지 않고 부정적인 생각으로 일이나 일상에 크게 영향을 받았던 게 나였다.그런 작은 마음 하나하나 신경을 썼던 내가 바꿀 수 있는 방법이 있었다.

첫째. 빠른 전환
부정적인 생각이 들 때면 잠시 생각을 중단하고 나에게 특별했던 순간 위로가 되어주었던 말과 기쁨을 떠올려서 잠시 안정을 가지는 게 옳바르다. 생각이 익숙하지 않는다면 팔지나 목걸이 특별하지 않더라도 나에게 의미가 되어줄 수 있는 것들로도 큰 도움이 될 수 있다. 생각으로도 아직 잘 안된다면 반복적으로 빠르게 볼 수 있는 나만의 시각적인 방법으로도 연습을 해야한다는 것이다.

안된다고 빠른 포기가 아니라, 인내를 가지고 정지도 생각이 안 떠오르더라도 사고를 주변을 환기 시킬 수 있는 연습이 우리한테는 필요한 것이다.

우린 할 수 있다.

둘째. 수용
수용은 있는 그대로인 나를 받아들이는 것. 부정적인 감정이든 긍정적인 감정이든 그게 어떤 상황에서든 숨기거나 피하지 않고 자신의 현재 상황과 직접 마주하는 것이 수용이라고 한다. 중요한 것은, 스스로 현재를 판단하지 않는 것. 감정에 따라 상황을 판단하면, 자신을 비난하거나 부정적인 생각에 휩싸일 수 있기 때문이다. 팀원과 같이 일하는 직장에서도 처음부터 잘 할 수 없는 상황에도 불구하고 같이 이끌어 나가는 방향에 감정에 따라 상황을 판단해버리면, 나 자신마저 의심해버리고 팀원들은 나를 어떻게 생각하고 바라볼까? 비난하지 않을까? 내가 제대로 일 처리를 하지 않았나, 아무도 나랑 일하고 싶지 않을거야. 라고 끝도없이 부정적으로 생각하게 되버린다.

내적 경험으로 현재를 판단하지 않는 방식에서 지금 순간에 주의를 기울이고 지금 현재에 충실히 있는 그대로를 받아들여야 한다.힘든 일이 있을 때 외로운 감정이 생겼을 때 무리하게 운동하는 사람들처럼 주의력의 통로를 닫고 다른 어떤 것들에 집중하는 것. 우린 힘들고 지치고 외로운 감정이 당연하다. 감정에서 잠시 잊었다가도 결국엔 현실을 마주해야한다. 현재를 다시 마주해야지만 부정적인 생각에 대한 민감도를 낮출 수 있기 때문이다. 그러니 당장 내 눈앞에 현실을 받아들이기 어렵더라 한들 매일 조금씩이라도 수용하는 연습을 갖는 게 더 나은 오늘이 그리고 내일이 될 수 있을거다.

그저 개념을 이해하고 떠올리고 알고만 있더라도 자신을 다 잡는 것만으로도 꽤 효과적인 연습이 될 것이다. 눈을 감고 제 3자의 객관적인 시선으로 자신의 마음을 관찰해 보는 방법. 자신이 아무도 없는 숲이나 흐르는 강가에 머리속에 떠나니는 생각들만큼 많은 나뭇잎이 떠 있다고 바라본다. 자신의 마음을 관찰하다가 어떤 잡념이 떠오르면 그 잡념을 강물에 숲에 나뭇잎을 따라 함께 흘려보낸다고 생각해 보는 방법. 제일 쉬운건 머릿속에 들쑤시고 다니는 잡념들을 끄집어 강으로 던지는 상상을 하면 더욱 쉬울 거다.

꾸준한 마음챙김은 심리적 마음적으로도 건강하게 도움을 줄 수 있을 뿐더러 냉정하게 관찰 할 수 있는 태도 또한 변화를 줄 수 있을 거다. 부정적인 생각과 스트레스는 사실 우리 삶에 일부분일 뿐이라는 것을 알게 되는 순간이 온다. 수많은 병균부터 세균들이 있지만 아프지 않게 자기 자리 그대로 간강하게 지키고 있는 면역력이 있듯이 말이다.

결혼, 노후대비, 집, 직장, 관계, 자신까지 불안할 수 밖에 없는 상황에서 환경에 영향이 끼칠 수 밖에 자신도 모르게 부정적인 감정에 빠져들기도 쉽다. 누구나 실패와 좌절을 겪는다고 하지만 습관으로 자리잡혀진 부정적인 생각이라면 신체적이든 정신적이든 건강에 미칠 수 밖에 없다. 하지만 그렇다고 해서도 매번 긍정적인 생각을 하기도 쉽지는 않다. 오히려 현실을 있는 그대로 받아들이면서 부정적인 생각이 꼬리에 꼬리를 물지 않도록 주의력을 환기하는 연습을 하는 것이 효과적이다. 잠자리에서든 일상에서든 자꾸만 안 좋은 감정이 떠오른다면 매일 꾸준히 나 자신을 위해 따뜻한 차라도 마시면서 아침에도 점심에도 저녁에도 순간에 연습해보길 바란다.

텅 빈 공간

 남긴 사진 속 목소리를 타고 길을 걷는다.
그 길 뒤로 따라오던 양쪽에
그림들은 결말로 남더라.
텅 빈 공간을 보려고 이토록 찡그리는 걸까.

다시 찾아오는 봄에 생애 가장 빛나던
우리들의 공간으로 채워볼까 한다.

아끼고 싶은 것

 살아가다보면 마주치기 싫은 것도 자주 마주하게 된다. 폭력도 싸우는 감정도 에너지도 너무나도 싫어한다. 하지만 어렸을 때, 뒤에서 욕하면서 앞에서는 웃는 사람들을 보고 가식적이라 생각했던 나는 안그럴 거 같았지만 한 번쯤 뒤에서도 욕하고 앞에서도 욕했다. 피하고 싶었지만 피하지 못하면 받아들이는 편이라 그 덕분에

 나는 적이 안 생기고 싶었지만 생겼다. 만날 일 조차 없는 사람이라 해도, 언제 어디서 마주칠지 아무도 모른다. 누군가 나를 싫어할 수 있다는 사실은 항상 유쾌하지도 불편할 뿐이다.

 나는 좋은 사람이 되고싶다. 나에 대한 안좋은 이야

기를 한다는 말을 들었을때도 아무렇지 않은 척 넘어가도 상처를 받는 편이다.

그리고 내가 더 이상 빌런도 악연도 변하면 그만이라고 생각했었다. 하지만 더 한 사람도 나타나고 내 생각과 다르게 나는 좋은 사람보단 하고 싶은 말 한마디 하지 못하는 사람이 되어버렸다. 하지만 여전히 나는 기억에 남기고 좋은 사람이 되고 싶다.

나 자신에게 내 소중한 사람들에게 내 도움이 필요한 사람들에게 말이다. 하지만 자기가 뭐라도 된 듯이 나를 함부로 평가하는 이에게 좋은 사람이 되라는 게 아니다. 나는 좋은 사람으로 가되 약자가 아니며, 누군가 나를 싫어한다해도 그 사실이 내가 걸어온 인생에 나를 잃는 것도 흠을 주는 것도 아니다. 그러니 더 이상 미움받지 않기 위해 좋은 사람이 되려 애쓰지 않아도 된다.

사람에게 상처주지 않는것도 중요한 포인트지만, 스스로를 지켜내는 것 스스로에 대한 책임이자 권리다. 함부로 떠드는 그들이 자신의 편협함을 혹은 무례

함을 혹은 속물됨을 부끄러워하지 않았다는 이유로 내가 부끄러울 이유는 없다. 타인을 함부로 우습게 여기는 이들이 가장 우스운 존재다. 그렇기에 모든 사람과 잘 지낼 수는 없다.

우리의 1순위는 언제나 우리 자신이다.

아낌없이 주는 너와 나

밝은 아침의 햇살은 곧 감정의 선율을 자극한다.
산책하면서 보지 못했던 시야를 넓히면서
마음가는 대로 걸어본다.

생각지도 못한 곳에서 시간이 녹아든다. 오늘까지도 그대로
변함없이 있어줘서 고맙다. 늘 곁에 추억의 너머

봄 여름 가을 겨울

말하지 못한 어린 나

운동과 바디프로필 내가 나임을 받아들이지 못하고 좋아하는 게 뭔지도 그냥 책가방을 매고 다니는 모습은 마치 곧 부러져나갈 거 같은 나뭇가지였던 거 같다. 열정만 가지고 탐내는 욕심은 열등감에 그치지 못했었고 놀리던 친구들이 용서가 되고 지금의 나를 만들게 해줘서 고맙다고 말해주고 싶다.

앞으로 더 많은 걸 하고 싶은 내 나이에 걸맞게 이제 시작이라고 용기내 말한다. 서툴어도 좋고 넘어져도 괜찮다. 나는 다시 일어날 사람이라는 걸 가능성이 있다는 사람이라는 것을 그 누구보다 더 잘 알기 때문이다. 가끔은 바람이 너무 쎄서 지치겠지, 순간의 선택에서 후회가 생겨 눈물이 나올지언정 포기 하지 않

아. 어릴 때부터 나는 호기심부터 예의바르고 착한 순둥이었으니깐

   나는 나를 잘 안다. 절대 놓치고 싶지 않은 나다. 그런 걸 바라고 있는 부모님부터 사진 속 담겨있는 우리형은 나에게 이렇게 말하겠지 잘하고 있다고 수 많은 사람들이 스쳐 지나갔지만 또 다른 새로운 인연들로 가득 건강한 마음으로 다가 올 거라 믿고 오늘 하루도 잘 보낸다.

   감사한 하루다.

기도

모두가 잠드는 시간
홀로 깨어있는 밤

바람을 타고 들어오는 온기에
오늘의 나를 마주한다.

기도 의지하려고 교회를 간 날에도
애정 의미없던 하루라도 알수없는

결혼 날짜를 서로가 장난치면서
정한 날까지도 모두가 나를

알아가는 방법이었음을 알 수 있던 밤이다.
너무 솔직해도 안 되고 너무 가식이어도 안 되고
너무 일만 해도 안 되고 너무 어울려도 안 된다.

근데 이 어려운 사회생활을 몇 년 동안 잘 해내는 우리는
칭찬받아 마땅하다.

과거는 쓰레기통에 안녕_

 여태 초등학생 중학생 때부터 가정 환경 또한 쉬운 일은 없었지만
 꿈만 같던 시간이 찾아 왔다. 몸을 만들고 나서 새로운 시작이 내게로 다가왔었다. 예전에 나와 다른 얼굴과 자신감까지 더 새로운 만남부터 점차 앞으로 나가고 싶었다. 얼른 하루라도 빨리 말이다.

 대학교에 처음 갔을 때부터 남다른 분위기로 인사부터 매력적인 사람으로 인상을 남겨줬었다. 다른 가치관 두꺼운 생각으로 쉽게 무너지지 않았다. 단단한 신념은 더욱 강하게 나를 채워주는 것이었다. 과대표부터 학교 홍보대사까지 말과 행동 실천이 보여준 나의 태도로 인하여 주변 사람들에게 좋은 이미지를 줬

었다. 웃는 내모습은 진짜 내모습을 찾는 거 같았다. 새로운 사람들 새로운 인연들로부터 발자취를 남기고 봉사활동으로 꾸준히 사람들을 만나서 좋았다. 멀리서 걸어왔던 나는 꽤나 의미있다고 말했다.

지금 느끼는 감정과 행복이 언제까지 갈 진 몰라도 말이다. 캠퍼스에서 찾는 수업 교실부터 전부 새로워서 신기함 투성이 나도 모르게 다시 웃더라 이대로 지나가길 내 행복한 방안에서 안녕 즐거운 나야 그리고 사랑이라 표현으로 끝내본다.

세상에 나만큼 소중한 사람이 한 명 더 생기는 일 내가 대신 아프고 싶은 마음, 내 앞에서만큼은 어떤 고난도 없길바라는, 그 사람을 위해선 다해주고 싶은 마음, 아낄 게 없어지는 마음. 미워져도 초라해져도 망가져도 감싸안고 싶은 것, 곤히 자는 모습마저 사랑스럽고 밥 먹는 모습마저도 흐뭇한 것, 깨지 않고 푹 잤으면 좋겠다. 슬프지 않았으면 좋겠다. 그 무엇도 이 사람과 괴롭히지 않았으면 좋겠다. 소망하게 되는 일, 서서히 닮아가는 일 운명을 믿게 되는 일. 덩달아 웃게 되는 일

세상 가장 든든한 내편 나의 가장 따뜻한 계절이다. 나는 내 일도 내 사람도 나도 가족도 사랑하고 좋아한다.

우린 사랑받을 만큼 자격있는 사람들이다.
우리 같이 자부심 갖자.

열매 맺는 씨앗

씨앗은 무슨 마음일까
고된 하루끝에 땅을 등지고 품은 마음은
단단한 열매가 되어 흔들리며 피는 꽃이 된다.

계절과 친해지는 과정까지
햇빛과 비바람을 지나 눈을 감싸주는 관심을 통해
비로소 성숙한 어른이 된다.

현재에 집중하다

　나이를 먹을 수록 친구 관계는 더욱 넓어지거나 떨어지거나 다양한 사람들과 마주하게 된다. 10대 20대 그리고 새롭게 맺은 사람들과 서로 공유하게 되는 부분까지 지나온 관계들을 곱씹어 생각하면 과거의 나는 왜 더 성숙하지 못했을까 지금의 나는 과연 얼마나 달라졌을까

　생각해보면 상대방에게도 한계가 있었듯이, 나에게도 한계가 있었을 뿐이고 살며 맺은 모든 관계를 누적시키며 살 수 없기에 연약한 관계는 자연스레 사라졌을 뿐이다. 우리가 특별히 못된 사람이 아니라, 알고 보면 이별이란 누구의 삶에나 일어나는 보편적인 일이다.

그러니 떠나간 관계에 대해 스스로를 지나치게 탓하지도 마음 아파하지 않았으면 좋겠다. 대신 지금 내 곁에 있는 사람들에게 좋은 사람이 되어주자. 지금의 나를 알아주고 아껴주고 어루어 만져주는 친구를 말이다. 누군가 필요하듯 누군가 나를 필요로 하고 우린 서로 필요한 존재다.

어떤 상황이 오든, 당신을 위해하고 존중할 수 있는 우정을 찾자. 나의 부족함을 비웃지 않을 거라는 믿음. 그런 믿음이 가는 누군가에게, 믿음이 가는 누군가가 되어주는 것. 그것이 가장 좋은 안정제이다. 행복이란 추상적인 단어의 유일한 실체일 것이다. 시간 내서 만나주고 조금 더 아껴주고 신경 써주고 약속 시간에 늦은 그에게 필요한 건 변명이 아닌 사과이고 외로운 사람에게 필요한 건 힘듦을 버틸 힘이 아닌 진실한 누군가이다.

그러니 가끔은 슬퍼도, 우울해도 된다.
그 시간이 없다면, 행복마저 무엇인지 우리가 어떻게 알 수 있겠는가. 우린 행복을 위해 노력해야 하고 나

역시 당신의 행복을 빈다. 몇번을 묻는다 해도 삶의 목적은 언제나 삶,

  인생 그 자체일 뿐이다.

나만 아는 행복

시간은 나의 기분과 달리 기다려주지 않구나
언제나 당당한 날씨는 나를 용서하듯 맑게 찾아오는데,
오늘도 찾아오는 감정따라 여정의 길을 떠난다.

하늘을 보더니
청량함과 강렬한 하늘은 기분좋게 멍때린 시간이었다.

행복은 나도 몰래
우리 주변을 감싸 돌고 돌아
늘 가까이 지켜주고 있다고

우린 행복하다고.

여행

 어른이 되고 나서 버킷리스트가 혼자 여행을가는 것이다. 그것도 배낭여행 내 첫 여행은 프랑스 파리로 떠나게 된것이다. 다른 여러 나라들이 있었지만 예술적인 면으로 느끼고 싶었던 게 많았었고 너무 예쁜 도시 건물들을 보고 싶었기에 프랑스 파리를 돌아보기로 마음 먹고 짐을 챙겼다.

 단순히 5박6일 짧으면 짧았지만 정말 나에게 있어서 가장 행복했던 시간이라고 말하고 싶었다. 여행 중 만났던 관광객들부터 새로웠던 풍경 제일 좋았던건 우리나라 말이 안들리고 새롭게 다가왔던 언어들이었다. 편안한 여행중 호의를 베푼 사람들 덕분에 정말 즐거운 여행이라고 말하고 싶었다. 자연스럽게 내가 하고 싶은 거 하고 먹고싶은 경험들을 충족시키니 더 할 말이 없었다. 그 자체로 여행의 즐거움이라고 말한다. 우리의 삶이 불필요한 짐을 가득 담아와서 모든 상황에 지쳐버리지 않게 많은 짐은 필요하진 않다. 필요할 때 사면 되는 거고 약간의 불편함을 감수하는 쪽이 이득일 수 있다.

삶이란 오랜 여정이다. 최대한 가볍게 살아가야 지치지 않는다. 그러니 삶을 조금 더 가볍게 하고 싶다면 불안한 마음에 버리지 못했더나 것들을 다시 한 번 마주하고 그것들을 덜어내는 용기를 갖자. 여행 내내 한 번도 꺼내지 않았던 짐과 아직 일어나지도 않은 일에 대한 걱정과 삶을 무겁게 만드는 불필요한 짐들은 잘못한 것 없는 부끄러움 지치게만 하는 과잉된 관계다.

이 모든것을 내려놓는 순간 우리를 자유롭게 할 것이다. 자유롭게 살고 싶다. 우린 열심히 살았고 타인의 행복을 방해하지 않으려 노력해온 우린 힘든 일도 잘 견뎌냈다. 떳떳하게 살일만 남았다.

우린 행복할 자격이 있으며
우린 행복할 자격이 충분하다.

방

방안을 정리하면서 사용했던 흔적들을 지워볼까 한다.
그날에 떠났던 장갑부터 한장남은 너덜한 노트를
코 끝 시린 계절을 이겨내기 위한 새로운 시작을 해보려고
한다.

잊을만 하면 찾아오는 계절 추운게 싫어질때 더운 게
그리워지듯이
무뎌진 기억이 결국 시간이 지나면 예쁜 꽃을 피울 것만 같
다.

문너머 반가운 우리의 향기가 그 해 계절 처럼 밝았던
우리 처럼 말이다.

친구

 친구란 내가 힘들어할때 옆에서 놀리는 게 친한 친구일까 격려와 위로? 같이 있어주는 게 친구인가 요즘은 연락도 적으면서 간편하고 담백 깔끔한 말이 좋다는 친구들 정말 좋으면서도 나를 잘 아는 친구 나를 위해서라고 있는 그대로 상처까지도 말하는 친구 같이 여행을 간 친구가 있었다.

 그 친구는 단 망설임없이 나랑 친해지고 싶다고 말해준 유일한 친구였다. 하지만 내 방식대로 그 애한테는 좋은 모습보단 안 좋은 모습만 비춰보였다. 그래도 그런 내 모습도 좋다고 말하는 친구였다. 하지만 나는 나 자신을 깎는 표현만 했었다. 그 친구도 전부 이해하는건 아니다. 이해를 바라지도 않았었다. 다만 내가 친해지기 위한 사람들은 내가 보여주는 모습들이 있었지만, 유난히 그 친구한테 못나고 모진 모습들만 보여줘서 너무나도 상처였고 아쉬웠다.

서로가 안지도 오래됐고 생일을 챙겨줄겸 나를 보러와주고 함께 있던 시간이 꽤나 지나갔다. 같이 여행 가자고 선듯 먼저 물어봐주는 친구 여행 비용부터 여행에 대해 잘 아는 친구다. 그런 친구 절대 잃고 싶진 않았다.

다녀오는 동안에도 여행 도중에도 하루도 빠짐없이 같이 다녔다.알고보면 정말 든든한 친구고 나중에 갈수록 그 친구는 더욱 빛날 것을 알고 있었다. 하지만 내가 모진 모습을 보일 수록 그 친구는 점점 나에게 이해하지 못하고 답답해만 했었다. 어리고 순수함에서 순진함으로 멍청하게 밉상만 보이게 된 것이다. 처음 친구랑 여행을 간 순간 함께 보내는 시간이 오래 있다보니 초등학생 때 친구를 보는 것만 같았다.

뭘 해도 이해해주고 받아줬던 친구 유일한 단짝 친구 소개까지 시켜준 친구다. 그에 비해 나는 당시 성숙하지도 어리기만 한 아무것도 해준 게 없는 나쁜 친구였던 거 같다. 상처로 시작해 상처를 주고 끝난 관계는 더 좋은 사람들 곁으로 돌아가서 잘 지냈으면 좋겠다.

대구에 사는 빵집을 운영하는 사장 친구에게

봄날

사람마다 봄이 오는 시기는 다르다
그러니 다른 사람과 비교하지 말아라

봄이 안오는 게 아니다
조금 늦을뿐

겨울이 지나야 봄이 온다
겨울이 있기에 봄이 있다

그러니 겨울을 미워하지 말아요.
우리를 막아서는 찬바람에 무너지지 않았으면 한다..

지금까지 잘해 왔으니 붙잡고 있는 희망을 놓지 말아요
내가 함께 잡아줄게요.

현실이 캄캄해서 막막하겠지만
함께 걸으면 무섭지 않을거에요
내가 다가가서 봄이 되어줄게요.
그러니 포기하지 말아요.

앞으로 나아가야 하더라

남의 기준에 맞출 필요없다. 스스로가 옳다고 생각하면 마음가는 대로 가면 되는거다. 나는 나 혼자서도 충분히 일어설 수 있다고 자기 자신을 인정하는 게 가장 현명하고 옳다. 누군가가 나를 듬뿍 사랑해 주지 않아도 다른 누군가 부러워할 만한 것을 가지고 있지 않아도 내가 가야하는 길을 꿋꿋하게 갈 것이다. 다른 것에 기대지 않고도 나는 나다울 수 있다. 실패하거나 무너질 수 있다 하는 일이 잘 풀리지 않을 수도 있다. 원하는 것을 갖지 못할 수도 있다.

항상 좋은 일만 일어날 수 없다는 것을 안다. 나에게 불행이 찾아올 수 있음을 인정한다. 그렇기에 나는 스스로 존재할 수 있다. 그 어떤 사실도 나를 흔들 수 없기 때문이다. 그럼에도 불구하고라는 힘을 믿는다. 그럼에도 불구하고 나는 웃을 수 있으며 그럼에도 불구하고 나는 앞으로 갈 것이다. 어떤상황이 오더라도 말이다.

　세상을 바라보는 관점을 고맙다고 표현하면 어떨까? 우리가 앞으로 나아가려면 작은 것들에 감사함 또한 필요하다. 음식점을 나설 때, 편의점 물건을 구매할 때, 누군가의 도움을 받거나, 친절한 모습을 보여줄때 고맙다는 말은, 칭찬이라는 표현은 고래도 춤추게 한다. 듣는 사람의 마음도 밝아진다.내 마음을 전하는 일은 생각보다 쉬운데 사람들은 부끄럽다는 이유로 잘 표현하지 않는다. 고맙다는 말이 가진 힘은 크다. 이세상 전부를 바꾸진 못해도 한사람의 세상은 바꿀 수 있다. 오늘 하루 지쳤을 누군가에게는 고맙다는 한마디가 큰 행복이 되고 하루종일 세상에 시달린 누군가에게는 고맙다는 한마디가 큰 위로가 되어준다.

　당신이 건넨 가벼운 한마디가 그 사람의 하루를 바꿀 수 있다. 고맙다고 고마운 사람에게 표현해보자 나는 내가 행복하기를 바래왔다. 아주 많이 행복하기를 바란다. 누구나 행복하기를 바라지만 나는 특별히 행복하기를 바란다. 나라서, 나니깐, 나이기에 행복하기를 바란다. 행복은 너무나도 좋은 거니깐. 이 만큼 불행하게 지냈으면 좀 행복해질 때도 되었으니까. 나는 내가 행복하기를 바란다.

어떤 일이 유독 힘들다면 그건 내가 잘못된 사람이라서, 내가 엄살을 떠는 사람이라서, 내가 부족한 사람이라서가 아니라, 나라는 사람에겐 그럴 수 있는 것이다. 같은 문제더라도 체감 되는 난이도는 다른 법이니까. 그러니 힘든 자신을 몰아세우지 말자. 자신을 이해한다는 것은 자기 연민에 빠져 스스로를 동정하거나 자신의 잘못은 아무것도 없다고 말하는 게 아니다. 불필요한 자책감을 중단하고 있는 그대로의 자신을 받아들이는 것이다.

그러기 위해 우리에게 필요한 건 자신에 대한 이해력과 자신에게 맞는 삶의 방식을 선택하고 존중하는 것이다. 적어도 자신은 스스로를 이해해야 한다.

나는 나

흔들리기 쉬운 마음속에서 단단해지기까지
많은 시련과 과정을 거쳐지나간다.

정리를 하면서 깊은 한숨들이
그동안 고생했던 마음의 짐을 내보내는듯 했다.
그리고 심호흡 새로운 공기를 받아들이며

편안한 나는 나로 나를 인사한다

어릴 때 그렸던 그림 속 어른이 된 나는 어디에? 하고 싶었던 꿈은 하늘의 별따기처럼 달콤한 꿈이라고 수억개 별을 가지고만 있던 구름안은 이상적인 나로만 보여서 탐만 냈었다. 그 꿈은 나를 힘들게만 했었고 하늘은 너무 멀어서 나 자신을 잃을정도로 마주하기 조차 어려웠다. 꿈을 가지려하는 나를 제외한 모든 사람들이 적처럼 느껴질때가 있었고 모두가 하늘을 탐내니 더 매력적으로 느껴졌다.

매력은 모두가 가지고 싶어하는 모습이고 더 대단한 것처럼 보였다. 내가 가진 꿈이 하늘에 더욱 닿고 싶었다. 무엇을 잘하고 좋아하는지 무슨 음식을 먹을 때 가장 행복한지 어떻게 왜 살아가고 살아야하는 나 자신의 대한 확신이 부족해 걱정 또한 많이 감정에 시달렸다. 온 힘을 다해서 잘해도 나보다 더 잘한 사람이 있으면 나는 평범한 사람이 되었기 때문에 고민도 생각조차 너무 깊게 빠졌다. 다들 무언가를 지향하며 행복하게 사는데, 나는 아무런 목표도 없이 무심하게 사는 것만 같다. 사실 무엇을 해야 하는지 잘 몰라서 목표를 세우지 못했고, 목표를 세우지 못해서 아무것도 안하고 있는 것인데, 아무것도 하지 않으니까 행보하지 않은 것처럼 느껴지고 행복하지 않으니까, 어떤 것도 하고 싶지 않아진다. 첫 블록부터 세우자니 앞이 막막하고, 누워있는 블록을 쓸어 담자니 그러고 나서의 다른 대책도 없었다.

다들 무엇이든 열심히 하라고 하지만 구체저거으로 무엇을 열심히 해야 하는지도 모르겠고, 하나만 뛰어나게 잘하면 성공하니 한 우물만 파라고들 하지만 어떤 우물을 파야할 조차 몰랐다. 내 감정은 고요한 바다처럼 정말 바다처럼 평온하다 그렇다고 뒤로 가는 것도 아니다. 차라리 아무거나 해서 실패라도 해볼까. 실패도 경험이라는데 경험이라도 해야하는 거 아닌가.

인생 낭비하는 기분도 들었다. 그런 마음을 그림으로 가득 그려보았다. 그리고 작은 목표를 세웠다. 그리고 너무 멀리 보지 않기로 했다. 몇년후 계획을 짜기보다는 현재에 충실한 계획을 짜기로 했다. 또 목표에 아무런 의미를 두지 않기로 했다.

무조건 의미 있는 걸 해야한다는 생각에 그동안 아무것도 시작조차 못했다. 어떠한 결심도 그냥 목표한 바를 이루어 보기로 했다. 그래서 나는 아주 사소하고 단기적인 것부터 시작했다. 그 후 삶에 작은 변화들이 일어나더라, 가장 큰 변화는 마음가짐이다. 굳이 어떤 삶을 살아야한다면 나는 행복한 삶을 살기로 했다. 꼭 무언가를 하지 않아도 크게 이룬 것이 없어도 행복한 삶이라고 믿으며 사는 삶을 살기도 했다.

내가 그리고 싶은 인생의 그림은 어느곳에서든 빛나기를 어디에 있든 무엇을 하든 존재 자체만으로도 빛이 되고 싶다. 앞으로 내 인생은 어느곳에서든 빛날 것이다. 삶에서 알아두면 좋은 많은 것들중 나는 무엇으로 행복한가 무엇으로 회복하는가 어느 순간 살아있음을 느끼는가 하는 자신의 행복을 다루는 노하우다.
행복하고 싶다면 나의 행복에 관심을 가지는 것이다.

　오늘은 꼭 이렇게 말하자.
　내가 어떤 삶을 살든 나는 나 자신을 응원할 것이다.

어지러운 내 방 온도

어릴 때 그린 어른이 된 유일한 내 모습은
걱정없는 웃는 모습이다.
방 안을 정리하면서 생겨나는 사람 온기가

무덤덤한 사랑을 그리기도 하고
어머니의 향기가 가득 남긴 추억을 사기도한다.

그리움이 묻어나는 공간은 어지러운 내 방이다.
웃는 나의 모습은 걱정없는 행복한 온도를 띄운다.

가족들은 알고보면 어린 소녀 소년이다

　어렸을 때 바라보는 어머니나 아버지는 무진장 큰 슈퍼맨이라고 생각했었다. 아니 지금의 우리 어머니 아버지는 슈퍼맨이 아니다. 어린 시절 어머니는 나에게 강한 사람이었다. 어린 시절 아버지는 나에게 무진장 강한 사람이었다. 하지만 지금 생각해보면 어린 소녀, 소년이었고 처음 해보는 순간일것이다. 나처럼 서툴고 어린 마음에 무섭고 힘들고 벅찼겠지만 나를 위해 우리 형을 위해 꾹 참고 어른의 역할을 해냈을 것이다.

　이제 나도 어른이 되었고 바라보는 커진 관점에서 작아진 부모님을 보고 우리 부모님이 줬던 사랑만큼 그랬듯이 사랑으로 돌려주면 된다. 지금 어른이 된 우린 세상에서 인간성을 잃지 않고 살아가기 위한 우리는 자기 자신에게 조금 더 주의를 기울여야 하고 부당함과 모욕과 불안에 당당하게 맞서야한다.

그리고 나와 가족을 위해 더 나은 나를 위해 자신의 몫을 해야한다. 평범한 존재가 내가 아닌 것을 시기하지 않으며, 차갑고 따가운 시선을 견디고 있는 그대로의 나로서 살아가기 위하여 당신이 조금은 자유로워졌기를 바란다. 어디서나 당당해도 된다는 응원이자 여전히 인간적인 삶을 원하는 누군가를 위한 말이기도 한다.

사랑합니다 아버지 평범했던 황효환
그리고 사랑합니다 어머니 평범했던 윤미화

바램

나를 나답게 응원해주는 사람
다를 거 없는 하루에

유독 어려운 상황나 곤란한 환경에 처해졌을때
우리의 행복은 더욱 독보여지는 거 같다.

살면서 부족해도 나도 모르게 나를 좋아해주는 사람
알다가도 모르는 사람이 나를 응원하는 모습에 인간다움을 느껴

앞으로 나를 좋아할 사람 까지해서
삶의 가치를 더욱 밝게 행운으로 불러준다.

지친 나에게

 우리에겐 자취방은 로망이기도 하면서 자유롭다고 생각한다. 생각보다 알고보면 외로운 자기 자신과의 싸움인 것을 모르고 말이다. 숨만 쉬어도 돈이 나가는 것도 모자라 아무 생각없이 자취방에서 하루하루 보낸다면 더욱 자기 자신을 혐오감에 빠져들 수 밖에 없을 거다. 더욱 나은 사람이 되기 위해 스물에 처음 자취방을 망설임 없이 하기로 마음을 먹었다.

 누군가는 방을 꾸미기도 먹을 거를 잔뜩 사기도 한껏 분위기를 내기도 정말 다양한 사람들이 살고 있지만 정작 중요한 건 나 자신과의 대화인 거 같다. 오래 닫혀있던 나와의 문은 저절로 풀어져 나가는 게 아니니깐 학교 생활을 잠깐 두고 일과 자취방으로 나를 마주하게 된 시간이었다. 그리고 밥 한끼 먹으면서 조금 더 나은 나로 마음 먹게 된 시작에 불과했었다.

　소방 공무원을 준비하면서도 그 날이 다가오길 기다리지만 않고 내가 먼저 사람과 사람에게 다가가는 것처럼 천천히 준비하는 단계라고 보고 있다. 고요한 바다에서 폭풍우가 오더라도 꿋꿋하게 버티면 밝은 낮이 찾아오듯 나는 준비하고 있는 중이라고 생각한 대로 살지 않으면 사는대로 생각하게 된다. 현실을 무시하고 꿈만 쫓는 사람도 있다. 이런 이들은 대부분 현실에서 괴짜로 누군가에게 걱정거리로 비친다.

　그게 멋지다고 생각이 들더라도 나 역시 그렇게 살진 못한다. 삶의 무게를 견디며 살아야 하니까. 현실에 발을 딛고 살 수 없을까 걱정이 들기 때문이다. 하지만 나를 생각하는 것을 멈추지 말길 바라는 마음이다. 나다움을 지키라는 건 이상과 꿈만 쫓으라는 말이 아니다. 현실과 마주하고, 마주한 현실에서 나답게 고민하는 걸 아무리 힘들어도, 현실이 너무 각박해도 지치더라도 나다움만 잃지 않는닫면 무엇을 선택해도 괜찮을 것이다. 좋은 선택일 것이다.

인생의 그림을 그리는 붓은 당신의 손에 있어야 한다. 정물화를 그리든, 추상화를 그리든 간에 당신의 선택으로 그리길 바란다.

나는 당신이 정말 괜찮아 지길 바란다.

시간 등반자

시작하기 전에 알았더라면
흐르는 눈물을 닦아줄 수 있었을까
시간만 돌릴수만 있었더라면 괜찮았을까?

숨바꼭질은 끝났는데 다시 한 번 만날 수 있으면 좋겠더라.
만날 수 없는 장소라면 찾을 수 없는 장소라면

장난쳤던 기억만이라도 힌트로 사용할게
계절아 변하지 말아줘

괜찮지 않아도

　맨날 지나가는 일상에 지옥철부터 사람들이 시끌벅적 지나가는 일상이 저녁 소리없는 새벽이 좋다. 술로 취한 흐릿한 눈동자로 오늘을 보내는 사람들까지 나를 알아보지 못하는 기분으로 알지못해도 좋다. 우리는 힘들고 괜찮지 않다. 바라는 것도 원하는 것도 높아져가는 현실에 버거워 먹고살기는 힘들다.

　방 한칸 마련하기도 어렵고 내 집 마련은 소원에 가깝다. 매일 모든 사람들은 하루하루를 버티고 살고 있고 어린 나이에 나는 취업에 목을 매고 산다. 여행지에서 달콤한 휴가, 친구들의 술자리, 눈물을 감추기 위한 말 큰 마음 먹고 질러버린 옷과 시계, 이런 것들은 확실히 위로가 된다.

힘들었던 내 마음이 보상받는 느낌이다. 하지만 내일이 되면 다시 버티는 삶으로 돌아간다. 여전히 일하는 상사직원은 나를 힘들게 하고, 통장 잔고는 나를 쪼이게 다가온다. 연애라는 썸에서 더 발전하고 싶은 마음인데 잘 풀리지 않고 연애도 어려운 나는 결혼은

할 수 있을까 걱정도 된다. 그래, 도통 괜찮아지기 어렵다. 오늘 하루는 힘들었고 내일도 나아질 거란 보장이 없다. 그저 힘든 하루가 기다리고 있을 뿐이다. 그래서 인지 사람들에게 괜찮다는 위로가 통하지 않는다.

실제로 괜찮지 않으니까. 당신 탓이 아니다. 당신은 이미 충분히 노력했다. 하지만 괜찮아라는 위로는 무책임하다. 얼마 전 자격증 준비부터 열심히 자기 할 일 하는 친구를 만나 얘기를 했었다. 준비는 하지만 서로가 언제 성공할지 보이지 않는 게 당연했다. 서로가 올해는 꼭 잘되고 성공할거야라고 단단하면서도 가볍게 말하는 말들이 쉽게 이야기를 꺼내본다. 성공할 수 있다는 응원과 위로를 건네는 것나도 그 친구도 그조차 위로받지 못했다.

괜찮아질 거라는 말은 무책임하다. 내가 얼마나 힘든지 상황이 어떤지, 그런건 상관없다. 나를 위로하려고 하는 말이지만, 정작 그 위로에 나는 없다. 마치 주문처럼 괜찮아질 거라고 건넬 뿐이다. 정말 괜찮아질 수 있을까?라는 의문이 생기지만 그건 관계없다. 무엇을 하건 당신은 최선을 다했을 테니까. 그거면 충분하다. 괜찮아질거야 잘될거야 걱정하지마 라는 말은 받는 사람은 없어도 되는 무책임한 위로일 뿐이다.

우리는 내일도 직장이나 학교 일을 해야한다. 나를 지치게 하는 동료 혹은 상사가 여전히 못살게 굴지만 이 일을 버텨내는 동안 다 그만두고 싶다고 느꼈을 거다. 스스로가 누구보다 잘 알고 있을 것이다. 힘든 일상에 무뎌져서 나만 이리 힘든 게 아니라고, 유난 떨 필요 없다고, 나는 괜찮다고 자신을 다그치지 말자. 힘들면 힘들다고 말하고 표현해도 된다. 무책임한 말로 위로 자신을 속이지 말자. 또한 누군가에게 그 무책임한 위로를 건네지 않길 바란다. 다시 말하지만 우린 괜찮지 않아도 된다.

다만 괜찮아질 거라는 무책임한 위로에 지지 않기를 바란다.

일상

평소에는 따갑게만 들려오던 말들이
오늘따라 유난히 따뜻하게 느껴진다.

하지 못했던 말들로 잘 지내고 있다는 모습을
보여주고 싶었다.

생이 반복된다해도 여전히 곁으로 다가갔을거다.
무척 좋아했었다.

내가 나라는 것

생각대로 일이 잘 안풀리는 날이 있을 것이다. 슬픔으로 부풀려서 아무것도 잡히지 않는 날이 있을 것이다. 그런 날들이 늘어날수록 나는 지쳐갔고 힘들었을 거다. 최선의 선택을 했다고 믿었지만 나는 나를 제대로 알지 못했던 것뿐이다. 나는 나를 잘 알고 있다지만 이렇게 살면서 행복해질 거라 믿었지만 그건 착각이었다.

삶이 내 인생이 자신이 없었던 것보다는 남들의 시선과 관계망상이 나의 선택을 좌우했던 것이다. 그래서 나에게 제일 우선시로 생각하기로 마음 먹었다. 안정적인 마음이 필요했지만, 실패에 대한 두려움도 있지만, 나는 나로 행복해지고 싶었다.

내가 나인걸 남들에게 납득시킬 필요 없다 나의 선택, 나의 존재를 증명하기 위해서 남들을 이해시킬 필요는 없다. 당신이 원하는 걸 이루기에 아직은 시간이 더 필요하다는 타인의 시선과 걱정, 지금은 현실에 맞는 선택을 하라는 조언을 따르지 말라는 건 아니다. 다만, 당신의 삶을 사는 것을 남들에게 보여주기식도 아닌 허락 받을 필요없다고 말해주고 싶다. 누군가가 현실을 직시하지 못하는 사람으로 당신을 바라본다 하더라도, 잘못된 길을 가고 있다고 걱정 우린 우려를 하더라도 나는 당신잉 당신답게 행복하길, 지금 괜찮아지길 바란다. 그러려면 다른 사람들의 시선과 기준으로 무언가를 선택하면 안된다. 타인의 기준에 맞추는 것은 나를 위한 선택이 아니다.

지금은 조금 힘들다 그래도 내일은 조금더 행복할 것 같다. 가끔 실패에 대한 걱정과 두려움 잘 못될 거 같은 일정에 잠을 못 이룰 때도 있다. 하지만 실패도 해보면 아무것도 아닌 것처럼 꿈을 찾아내는 게 나답게 행복해지는 삶이라는 것을 당신 하루가, 일상이, 삶이, 행복이 고민중인 것에 괴롭히는 것만 빼서 조금 힘들고 조금만 걱정하면 된다.내일은 어제보다 조금 더 행복해지길 바란다.행복한 사람이라 스스로 조금 더 행복하다라고 느끼기를

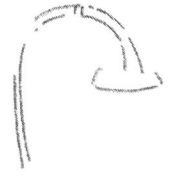

용감한 어른

자신만의 정의를 가지고 남 기준이 아닌
자신이 봤을때 멋있게 나이를 먹는 게 행복이라는 감정을
가진다.

삶에 책임이라는 무게를 느꼈을때 힘들때 힘들다 슬플때 슬프다
감정을 솔직하게 눈물을 보일 수 있는 용감한 어른

상대에게 기대를 안 하는 용기
주변에게 상처받을 수 있다는 용기
본인을 있는 그대로 수용하고 사랑할 수 있는 용기

경험과 지식을 삶으로 지혜롭게 사용하면서
겸손하고 관계에 부딪쳐서 승부를 가지는 용감한 어른

세상사는 사람들

걸어다니는 사람들은 사실 크게 남에게 큰 관심이 없다. 다들 자기 하기에도 바쁘기 때문이다. 다 알고 뻔한 얘기 맞다. 그래서 남이 괜찮은지, 아니면 괜찮지 않은지에 대해 관심 신경 안써도 된다. 하지만 쉽게 말하진 말아야 한다. 내가 그리고 상대방이 겪는 문제들. 지금 겪고 있는 문제는 시간이 지나 해결해줄거라고, 그러니 웃으라고 다 그렇게 사는 거라고 힘들어하지말라고 말이다.

그런데 그렇게 쉽게 괜찮아질 리가 있냐고 별것 아니라고 한 그 문제 때문에 밤에 잠을 이루지 못하고, 밥도 제대로 넘기기 힘든데 진심없이 쉽게 위로하는 사람에게 말하고 싶다. 그 사람에 상황을 모르니깐 그럴

게 쉽게 이야기 할 수 있는 거라고 진심 없는 위로는 도움이 되지 않는다고, 남의 일이라고 쉽게들 이야기한다고, 무책임하게 건네는 위로가 무슨 의미가 있겠냐고, 진짜 위로는 무책임할 수 없다. 상대방에게 진정한 위로를 건네었다면 내 마음이 더 아파야 한다. 만약 나와 같은 상황에 부닥친 사람이 있다면 잘될 거라는 나는 그리 쉽게 이야기하지 못했을 것 같다.

 그 선택이, 고민의 과정이 얼마나 힘들었을지 알기 때문이다. 그래서 진짜 위로를 건넨다는 건 무책임할 수 없다. 쉽게 괜찮아질 거라고 함부로 말할 수 없으니까. 우린 그 사람의 문제를 해결해줄 수는 없으니까. 그 사람의 입장에서 고민을 들어주는 것. 힘든 일상을 당장 괜찮게 만들어줄 수 없겠지만, 하루가 얼마나 힘들었는지 알아주는 것. 울고 싶은 만큼 힘든 당신을 위해 같이 울어주는 것. 그래, 어쭙잖은 위로나 응원이 아니라, 내가 나를 대하듯 상대방에게 진심을 다해 공감해주는 것, 이것이 진짜 위로다.

 지금 내 주변 괜찮지 않은 사람들에게

전부 잘하고 있어. 애써 괜찮은 척 속으로 자신한테 속이지 말았으면 해 지지도 마 충분히 너 자신한테 걸어온 길들만 해도 빛나는 거 있지 너가 너인 것에 다른 사람들을 납득시킬 필요없다? 힘들면 힘들다고 솔직해져도 돼. 넘어지지 않게 손잡이가 되어줄게 울고 싶으면 울고 같이 울어주는 편한 집이 되어줄게 우는 건 나쁜게 아니니깐 하나의 표현이자 아무도 너를 함부로 하게 하지마.

힘내, 우린 할 수 있어
할 수 있다는 말이 힘내라는 말이 오히려 힘에 부칠 때도 있어. 못해도 되고 실패해도 괜찮은 세상을 우린 아직 배운적이 없는 거 같다. 그래도 할 수 있는 만큼은 해보는 거다. 최선은 다하는 거다 다만 바라는 건, 실패하더라도 다시 일어설 수 있는 단단한 마음은 이미 우리의 편이기를 그러니깐 힘들면 힘들다고 마음껏 좌절하고 슬퍼하면 된다. 그리고 또 한 번 함께 일어나면 그만이다.

진심으로 공감해주는 것이 문제를 해결해줄 수 없

겠지만, 적어도 위로가 되어줄 수는 있다. 그리고 그 위로는 일상에 버팀목이 되어줄거다. 괜찮아, 잘될거야 라고 쉬운 응원을 하기 전에, 별것 아니야, 너무 고민하지 마 라고 상대방의 입장이 되어보자

   나를 대하듯 진심으로 상대방에게 공감해주자. 나로부터 시작되는 진짜 위로를 우리의 삶이, 일상이 조금 더 괜찮아질 수 있도록.

너와 나

별들 아래있는 우린
복잡한 세상 속 발버둥치는 이방인도 같다.

우선시되는 무언가 흐릿한 행복만을 쫓는 개인은
슬픔도 잠시 기쁨을 손잡을 수 있길

사계절 이별 속 못다한 말들이
꿈속에서 다시 만나
묻혀있던 행복을 마주한다.

폭풍전 고요한 바다

　내가 하고 싶은 게 정말 무엇일까라는 생각은 항상 머리속에 장착 되어있는 거 같다. 올해 23살 이번 1년 어떻게 뭘 해야할지 좋은 인연부터 좋은 시간을 보낼 수 있을까 오늘도 아닌 내일에 대한 생각부터 미래에 대한 걱정과 기대를 화분에 심어두었다. 싹이 트기도 전 어른들은 아직 씨앗이라고, 앞으로 시간은 정말 많다 말씀하셨다.

　내 나이 스물셋, 영원토록 어린 나이로만 있는 게 아니었기에 여기 글 속에서라도 영원한 스물셋을 기록하고 싶었고 하루도 빨리 이 아까운 시간을 헛투로 보내고 싶진 않았다. 몸이라도 바쁘게 움직이고 더 많은 사람을 만나고 싶어했다. 하지만 그게 생각만큼 쉬울까,

더할 생각은 깊게 빠져버리고 기분만 나쁘게해줄 철부지 없는 나뿐이기에. 응급실 직장에 3교대로 근무했을 당시, 웃고 반겨주던 사람들 주방에서 요리를 하면서 즐거운 환경을 만들어준 사람들 각자 살아온 환경이 다르다는 것을 알려준 군대 안에서도 성숙하지 못한 나를 챙겨주던 선임들 마저 각색 다양한 사람들에게 웃고 울고 했던 거 같다.

선선한 바람이 차갑게 더 서럽게 괜시리 힘들기만 했던 시절에도언제나 한결같이 응원해주는 가족들이 있었기에 더욱 내 자신만은 잃지 않을 수 있었다. 떠나보냈던 서울 친구부터 수원 대전 포항 군포 창원 익산 대구 그리고 인천 사람 냄새 나는 내가 좋다고 자연스럽게 다가와줬고 나와 함께 해줬던 고마운 사람들이었다. 그래서 나는 나에게 묻고 대답했다. 남에게 인정받기 위해 나다움을 버리지 말자자고 우리는 수많은 사람과 만난다. 그리고 또 그 만큼의 관계를 맺는다. 우리는 관계망 속에서 나라는 사람을 인식하고 그 관계망 안에서 나의 존재감을 증명한다.

남에게 인정받기 위해 노력을 할 것이고 인정받지

못해 힘들 수 있다. 그렇다고 남에게 나다움을 버리지 말자고 나답게 사는 것을 포기하지 말자라고 결론을 내렸다. 비록 인정받는 사람이 아닐지라도 포기하지 말자. 너 우리 보다 나, 내가 우선이되어야한다. 그것이야말로 스스로 행복해지는 나다운 괜찮은 삶을 만드는 시작일테니까.

우린 성공한 사람들의 이야기나 스토리를 좋아한다. 어떻게 성공했는지, 어떤 풍파가 있었는지 그리고 그것을 어떻게 이겨냈는지 알고 싶어한다. 지금 내가 겪고 있는 이 문제를 괜찮지 않은 이 상황을 바꾸고 싶어한다. 특별한 사람들에게 당신이 원하는 특별함은 없다. 큰 실패 후에 우연한 계기로 재기에 성공한다거나 포기하려는 찰나에 뜻하지 않은 성공 가능성을 발견하는 일상에 그리고 삶의 무게에 지쳐 마음 한 켠에 식어 있던 열정들이 어느순간 뜨겁게 그 다음날 또 그 다음날 달가워질 수 있다. 생각하지도 못한 특별한 선택 수많은 선택 속 후회와 실패 속에도 그럼에도 불구하고 성공을 이루어낸 그들만의 특별한 관점

모든 정답이 없다는 건 불안정하다. 그것을 인정하고 싶지 않기에 우리는 특별함을 더욱 간절히 원하였는지도 모르겠다. 우리는 인정해야한다. 내가 특별해질 수 있는 방법은 나를 믿는 것이라고, 나를 바꿔줄 마법은 그들 말이 아니라, 오직 내 자신이고 성공한 사람이 쓴 책에 나와 있지 않다. 나를 믿어주는 선택만이 스스로 만족하게 만들어줄 것이다. 스스로가 인생의 정답이 되길 바라는 당신에게 도움이 되길 바란다.

솔직한 나

무언가 잃었을 때 한 번만 자책하고 원망했으면 좋겠다.
자신과 타인을 아무리 비교로 괴로움을
만들어낸다고 하더라도
살아가는 동안 한 가지만 잃지 않으면 되는 것
바로 나 자신이다.

원하는 것을 얻기 위해 지켜왔던 시간이 녹을지 몰라도
원래 내것이 아닌 전부가 아니라고 깨닫는 순간 무너질
필요가 없다.

깨달은 방향 그대로 가다보면
오히려 잘 된 일일 수 있기 때문에
나 자신은 변함없이 사라지지 않는다.

사랑

환경에 따라 사람 사는 방식도 끼치는 영향도 전부 다르다는 것을 우린 집 밖에 나가는 순간 깨닫게 된다. 하지만 사랑받고 자란 사람도 사랑을 받지 못한 사람이라도 나도 여러분도 같은 사람이라면 말과 행동 표현 생각 성향은 전부 다르다고 우린 사랑을 주고 받길, 처음 살아가보는 사람이기에 우린 아직 어리기에. 나 역시 따뜻한 사랑을 받아 웃을 수 있었고 건강하게 말할 수 있었던 거 같다.

우리가 말하는 사랑이란 말에서 오고 가는 표현 오늘 덕분에 즐겁게 보내서 잠이 잘 올 수 있을 거 같아. 모르면 말해줘, 이해할 수 있을 때까지 얼마든지 더 설명해줄 수 있으니까. 너무 지치고 힘들때면 포기해도 괜찮아 포기한 것도 응원하고 사랑하니까. 해왔듯이 나는 늘 생각에 존중해, 그러니까 마음 편하게 말해줘. 말 한마디만 해줘 항상 지는 건 나니깐. 어릴적부터 사랑을 받고 자란 사람들은 유난히 밝고 사람들 곁에 항상 웃음꽃으로 자리를 잡고 있다. 받은 만큼 잘 베풀고 다른 사람이 모진 말을 해도 쉽게 흔들리거나 상처 받지 않는다. 전부 자존감과 관련 되어있다. 자신이 원하는 것을 확신하고 또 믿음으로 표현할줄 알기에. 자기 자신을 드러내는 것을 즐긴다. 누군가의 호의에 부담을 받고 거절하기보다는 자연스럽게 받아들이고 이용할 줄 아는 것이다. 결과적으로 자신의 성격 덕분에 더 많은 사랑을 끊임없이 받게 된다.

만약 당신이 지금까지 많은 사랑을 받지 못했고 결핍을 가지고 있더라도 괜찮다. 앞에서 이야기 한 것처럼 행동해보는 거다. 자신에게 솔직해지고 더 바라봐 주는 것이다. 행동 하나하나 이걸 보려고 하루가 즐겁게 시작했다. 라는 생각과 말 토씨 한글자로 성격을 조금이라도 변할 수 있다. 스스로를 아껴주고 남들에게 자신을 잘 드러내며 여유를 품는 것이다. 그러면 보이지 않았던 남들에게서 더 많은 사랑을 받을 수 있게 될 것이다. 덕분에 더 많은 인연들 사이에 사랑을 받을 수 있어서 좋았던 오늘하루에 감사한다.

저 별은 뭘까

군대 안에서는 정말 한줄기 빛도 없던 느낌을 받았던 때가 있었다. 좋았던 시절만 있지 않냐고? 초 중 고 때만 힘들고 바뀐 거 아니었냐고? 내가 지원해서 간 군대지만 바라고 원했던 아름다운 곳이 아니라, 내가 가꾸고 만드는 곳이라는 것을 당연한 걸 당연하게 생각하지 못했더 나였다.

어린 허물 속에 나를 발견하기 까지 정말 많은 시행착오들이 있었고 결국에는 나는 무사 전역을하고 남아 있던 소중한 사람들과 여단장님 아니 지금 참모장님, 소대장님에서 대위 진급하신 고마운 중대장님께 감사 인사를 전하고 싶습니다.

스물이라는 어린 나이에 나는 무엇이든 할 수 있다는 자신감을 갖고 있었고 여태 바른 생활이라는 모습만으로 순정 순수 그자체였다고 표현해도 과언이 아닐정도였다. 군대라는 사회조직에서는 정말 많은 인원들과 낯선 장소에서 같이 밥을 먹기도 훈련을 받을 때 전우조라는 말로 함께 다니면서 매일 같은 곳을 보고 같은 낮과 밤을 지내면서 가족이라고 말해도 맞았다. 처음 훈련병 때는 아무것도 모르는 사람들과 지낸다는 게 쉽지 않았지만, 사람자체와 사람냄새 나는걸 좋아하는 나는 금방이라도 사람들과 크게 어려움 없이 같이 시간을 함께 보내게 되었다. 순간을 함께 한다는 건 정말 좋은 것을 알려준 때가 있었고 여전히 사람이 좋다는 것도 나도 좋았다.

78명을 인솔 할 때 뒤에서는 언제나 응원해주는 전우들이 있어서 기뻤고 슬펐을 때도 알아봐주는 동기들이 있었다. 사실 기쁜 것도 있지만 언제나 시행착오는 항상 어디에나 있다. 실무는 훈련병때와 다르게 담당 근무부터 훈련까지 쉴틈없이 바쁜 나날들이 기다렸고 생활 방식부터 배우고 선임을 당연히 존중하는 문화가 있었다. 거기서 만난 선임들과 지금 현재 나와서도 연락을 하고 감사한 분들이다. 일병때 당시 문화와 인계 나를 장난감과 인형처럼 못살게 굴던 선임마저도 그 때는 군대니까 어쩔 수 없는 거라고 알고 있었고 상황과 환경이 미치는 영향이 정말 크다고 느낄 수 밖에 없었다.

내가 잘하는 특기는 무엇이고 쭉 전진할 수 있는 게 과연 있을까 하고 수많은 밤 속 별들을 바라보곤 했다. 나는 꿈을 쫒는 걸 지켜만 볼 수 밖에 없었다 태권도면 국가대표 강사면 선생님 연기면 뮤지컬 배우 각자 맡은 역할을 다들 잘 찾아서 하는데 하는 밤을 즐겁게 보내는데 나는 하는 생각이 오락가락 했었던 순간들이 정말 나를 의심부터 마침표를 찍을 쉼표까지 많은 시간이 훌쩍 지나갔던 거 같다.

상병이 됐을 때는 문화아 인계를 바꾸고 고치고 싶었기에 대회 활동으로 자신을 표하기도 했었고 잘못 됐다는 걸 증명하기 위해서 많은 노력을 했던 거 같다. 정말 내가 무엇을 하던지 항상 이해해주시고 봐주시는 부모님 곁에서 나는 보기 좋게 성공을 바라지만 하고 싶은 것들은 정말 많은 거 같았다. 자유로운 것도 좋았지만 내가 나를 알 수 있고 좋아하는 걸로 안전한길이 있을까 많은 생각을 했던 거 같다. 남에게 도움이 되고 필요한 사람이 되고 싶었기에 더구나 수많은 인연들부터 지나쳐가는 사람들까지 평범한 사람이 되고싶진 않았다. 누군가의 밑에서 직장 생활은 절대라는 생각으로 말이다. 가끔은 이런 생각도 든다. 나답게 산다는 게 뭔지, 남을 위한 것도 아닌 내 삶은 어디에 생각한 대로 산다는 건 또 뭔지, 그렇게 사는건 남들이 보기에 그냥 아집이 아닐까 하고, 내가 어떤 선택을 하더라도 괜찮을까? 우리가 없는 나다움 이라는게 어떤 의미를 가질까 어차피 나라는 사람은 우리라는 관계안에 있는데, 나만 나답게 살아도 될까? 나의 소신만 지켜도 되는 것일까? 나는 나다움에 대해 더 고민할 수 있었다.

병장이 되었을땐 세상이 변해만 가는 거 같았다. 나이는 22살 그리고 따스한 봄이 찾아오고 있었다. 만개 벚꽃이 피는 바람이라 너무나도 행복하고 좋았다. 때가 됐다 생각했을 땐 전역을 하게 되었다. 군대에서 얻을 수 있었던 건 정신과 인내 그리고 체력인 거 같다. 포상휴가로 따낸 자격증과 자기개발로 충분히 많은 걸 갖고 나왔던 거 같다. 사람도 나를 보는 능력도 나를 좋아하는 사람까지도 말이다.

　어떤 이는 나에게 자신의 행복을 알려줬고 소신을 보여줬다. 누군가는 나에게 굽히지 않는 고집을 보여줬다. 그런 나는 나답게 살 확신과 소신을 배웠다. 분명 이런 상황이 없었다면 다른 생각한 대로 살겠다고 그래서 나는 항상 나를 돌아본다. 그리고 우리를 생각한다 나는 나로서 살겠지만, 우리를 포기하지 않겠다고 그래서 결국 내가 나답게 산다는 건 온전히 선택이다. 결과도 그 노력의 과정도 나의 책임이다.

　주어진 삶을 살아내는 게 아니라 내가 나에게 삶을 쥐여주는 것이다. 온전히 나의 몫으로 말이다. 그리고 나를 돌아본다 우리를 포기하지 않는다. 나의 소신을 포기하지 않겠지만 다른 이의 소신을 꺾지도 않겠다. 나는 이렇게 나답게 살겠다 내가 생각대로 살겠다.

겨울바람

가을을 타고 온 겨울은 차가운 한숨을 내보낸다.
홀로 걷는 길에 추위를 견디고

그치지 않는 비에 따스한 우산을
정신없이 햇빛을 찾아 달렸던 내가

흘린 땀 속에 기억은 선명히 나를 울린다.
참아왔던 소리는 들리지 않아도
바보같이 펑펑 소리내 우는 나는 따스히 내 편이 되어준다.

MBTI

 대화를 하면서 가장 많이 나오는 말중에 mbti인 거 같다. sns처럼 가볍게 자신에 대해 퍼스널컬러 대해 쉽게 접근 할 수 있기에 말이다. 직장에서도 술자리에서도 길거리에도 거리감도 서슴없이 풀어놓는 경우가 있다. 나 또한 엠비티아이가 뭐에요? 라고 먼저 물어보기도 했었다. 치킨도 다양한 맛들로 호불호를 가리는 것처럼 난 e가부럽더라 난 i가 부럽더라 사실 이런 건 굳이 믿을 필요가 없다고 말하고싶다. 내 거창한 생각을 가두는 것뿐

 어떤 성향 성격이 나왔다든지 비슷하게 나왔을뿐이지 그게 전부가 아니라는 것이다. 난 이렇게 나왔으니까 이렇게 저렇게 행동을 해야해, 그게 아니라는 것

이다. 물론 영향은 크지만 mbti가 가진, 성향부터 성격 모두가 가진 게 사람이고 전부 섞여서 나온다는 것이다. 가끔은 현실적일때가 있고 가끔은 아이디어가 떠올라 생각이 많을수도 있고 또 가끔은 상처를 받다가도 또 내가 상처를 주는 사람일 수도 있다는 거다. 그것 또한 나라는 사람이겠지만 mbti가 전부가 아니라는 것을 알았으면 한다.

아르바이트나 직장을 구할때 mbti를 보고 뽑는 공고를 보고 놀랐던 때가 있었다. 정말 어렵지만 직원을 뽑는 기준이 mbti를 보고 뽑는 회사나 아르바이트는 정말 피했으면 좋겠다. 사회집단에서 남들이 나를 인정해줘야만 만족스러운 삶인가? 나도 예전에는 내가 보여주기 식으로만 행복해야만 했었다. 멋져보이는 사람 검증되고 잘나간다는 사람들 안에서 놀아야 나도 있어보이고 행복이라는 것을 느꼈는데, 지금은 군대도 다녀오고 아무것도 모르는 사람들과 같이 일을 하면서 흠과 틈이 깨졌지만 죽지 않는 나를 볼 때 새로운 것을 매번 해내가고 행복해 하는 모습들을 마주할 때 생겨오는 성취감이 정말 크게 다가왔다.

내 계획과 앞으로 꾸준한 자기관리 그리고 나를 좋아했던 사람 좋아한 사람 좋아해줄 사람까지 곁에 있을때 부당한 대우없이 나를 나답게 말해주는 사람들 속에서 행복하기 위해 새로운 사람들과 새로운 것을 도전을 하고 싶어하는 것 같다.

우리는 수많은 사람과 만나고 소통을 하지만 그 중에서도 남들과 다른 나만의 개성이 필요하다. 그렇다 남에게 인정받기 위해 나를 버릴 필요는 없다는 거 나답게 사는 것을 포기하지 말라는 거다. 이런 이야기를 하는 나 역시 어리기에 나답게 살고 있는지 정답은 없다고 보지만 나다움에 대해서는 항상 생각한다. 나는 나를 인정해주려고 노력하고 있다.

내가 이해못하는 행동들이 잘못됐다고 생각했던 때 연애든 친구든 이해를 못하는 행동을 했다면 정말 싫어했었다. 신사로 나이라는 시간을 거쳐갈 수록 이해하려는 생각말고 틀린거고 다른거 뿐이라고 알게 되었다. 인정해야하는 것이다. 이런 점은 내가 이해할 수 없다고 봤지만 다른 거라고 생각하면 1번도 2번도 전부

정답이 된다는 신기한 점이다.

 이해보단 인정하는 것, 그러므로 사람들과 관계가 점차 나아간다는 것을 알 수 있었다. 또 다른 점은 삶의 배경을 같다고 생각하면 전혀 아니라는 것이다. 남들의 인정, 시선이 두려울 수 있다 하지만 지금 보고 있는 당신만큼은 자신을 더 챙기길 바란다. 그것이야말로 스스로 행복해지는 나다운 괜찮은 삶을 만드는 시작일테니까. 아무도 함부로 아픈 손가락을 만들지 말라는 거다.

뻔한말

가끔 거창한 세상속에서
흔한 말들로 가득채우고 싶다.

뻔한 안부 인사부터
변하지 않는 친구들까지

아프지 않고 건강한 말들로 나는 위로 받고
안도 하고싶다.

사실 변함없고 평소처럼
흘러가는 지구에 감사하다.

단순히 주고 받는 인사부터
서로 장난치면서 웃는 모습들까지
뻔하지만 뻔한것들에 대해 감사한다

사람들이 바라보는 내 모습

 남들이 나에게 기대하는 모습이 있다 자신이 원하는 모습이 되길 빌어주기 보다 예상 범위 안에 있는 나의 모습을 보고 싶어한다. 평소에 다르게 위로를 건네주면 주변에서 너답지 않게 왜그래? 라고 말한다. 모두 내 모습인데 주변에서 너답지 않다라는 말을 할까

 나다운게 뭔데? 나는 나답게 한다라는 표현을 하지만 나도 모르는 상황에서는 다른 이들에게 비치는 모습에 대해 신경 쓰고 있을지 모른다. 나다운 모습이 사람들에게 멋있게 더 가치는 사람으로 봤으면 하는 바람도 있는 거 같다. 나다운 모습 그대로 그리 보일 수 있도록 말이다. 내가 생각하는 대로 남들이 날 바라봤으면 하는 거다. 나는 너답지 않게 왜그래? 라는 말

좋아하지 않는다.

상대방이 원하는 대답이나 태도가 나오지 않았을 때 내가 알고 있는 생각과 기준이 대체로 나에 대해 잘못 알고 있거나 그들이 원하는 모습과 다를 때 이런 말을 듣는다. 그들의 입맛대로 나를 평가하고 판단한다는 것이다. 물론 내가 보여주는 방식이 나랑 맞지 않는 모습으로 보여줘서 그럴 수 있다. 남들이 생각하는 나다운 것이 아니라 내가 나다우면 된다. 내가 남을 어떻게 비추어질지 모르지만 웃는 걸 좋아하고 여행가는 걸 좋아하고 노래하는 걸 좋아하고 전부 솔직하게 드러냈으면 좋겠다. 내가 생각한대로 말이다.

그렇기에 나는 자신을 드러내는 것을 꺼리지 않는다. 내가 보여주는 그대로 바라봐줬으면 좋겠다. 너답지 않아라는 말에 흔들리지 않기를 그리고 내가 아닌 나를 만들어내지 않기로 약속했다. 나를 만들어내는 모습은 그들의 기대감일뿐이다. 맞춰주지 못하는 것은 나의 잘못이 아니다. 상대방이 원하는 모습이 되어주기 보다는 내가 바라는 모습이 되었으면 좋겠다. 그렇게 좀 더 나다워지기를 포기하지 않았으면 좋겠다.

　나다운 게 뭔데? 라고 말했던 건 이 질문에 대해 스스로에게 먼저 물어봤으면 좋겠다. 나다움에 대해 진지하게 고민하고 생각해본적이 있는지 그리고 단단함에서 묻어나오는지 말이다. 집에서 쉴 때 정말 아무것도 하기 싫어서 뒹굴거리는데 그 뒹굴거리는 마저도 나다. 물론 남들에게 뒤쳐지는 기분이 들 수 있다.

　내 자신이 싫고 그 마저도 불안해 하는 경우까지도 그래서 하고 싶은게 뭐냐고 물어보면 거창한 말만 나올뿐. 사실 그런 생각하는 자체부터 에너지를 사용하고 있고 소요된 에너자에서 힘이 빠진다는 것이다. 전부 내려놓고 하고싶은 걸 하지 않고 안하고 싶은 걸 해야한다. 자기 싫은데 사실 내가 하고싶은 거일 수 있다. 자연스럽게 내 몸에 베어나오는 것들은 하고싶은 거라고 생각을 잘 못하지만 우린 아무것도 안하고 있는 게 아니다. 안하고 싶은 걸 하고 있는 중이고 큰 것부터 바라본다면 당연히 막막할 수 밖에 없다. 확실한 정답이 있는 것부터 작은 성취감까지 에너지를 쌓고 하고 싶은 걸 해야한다.

버킷리스트

나하고 맞는 옷을 골라
어떠한 날씨에도 색깔이

겹치는 사람들 사이라도
지나치는 출근길에도 지나가는 고양이도

모두가 푸른 하늘 아래 한마음
비전을 뛰어본다.

어떠한 말이 위로가 될까 찾아서 설불리 건네지 않을게
대신, 오랫동안 옆에 있을게 다친 마음 쉬어 가기를

스스로 다시 힘내서 일어서기를 응원할게.
내가 할 수 있는 전부이고 시간이 흘러

잘된 모습이 행복하다면
그땐, 술이나 한잔하자라고 말할게.

어린어른

    학교를 마치고 집에 돌아가면 놀이터에 뛰어놀던 아이들이라면 전부 다 친구가 되기도 문방구에서 사먹던 불량식품들이 작은 행복으로 차지하기도 했었다. 더욱 좋았던건 tv 프로그램을 보면서 아무일도 아닌 것처럼 별 생각없이 보고 있던 모습이 그립기도 했다. 물론 이제와서 느끼는 내모습이 있기에 나쁘지 않다고 생각하고 있다. 중학교에 올라가면서 자신의 성격과 능력을 상세하게 묘사할 수 있게 되었고 말로 머리가 크고 어떠한 형태로 열심히 하는지까지도 말이다. 하지만 이걸 말로 표현하기엔 어렵다. 모두 무의식중에 일어난 일이기 때문이다.

    지금 내가 성인 되고나서 느끼는 심심함이 외로움

으로 느끼겠지만, 어릴 때 다가오는 마음으로는 혼자 남겨지면 견디기 어려운 서러움과 공포를 느끼게 된다. 차이는 여기서다. 성인이 되고 난 나는 슬그머니 눈물을 흘리는 정도라면 어린 모습에 아이들 같은 경우 세상이 떠내려가고 가슴 찢어지는 감정을 느껴 펑펑 최선을 다해 운다.

성장과정 속에 수많은 강렬한 내적 경험들을 토대로 우리는 성장한다 어떤 행동으로 인해 패턴화되고 어떤 생각은 습성화 되고 어떤 감정들은 깊게 빠지게 된다. 어떤 가치관이 선택적으로 생기게 된다. 내성이 생긴다는 거다.그런 일들이 내면에서 벌어지는 동안 아무것도 아닌 것처럼 아무리 옛 나를 돌아보려고 회상해보지만 떠오르지 않는 건 당연한거다. 어린 시절 우린 무의식중에 성장하는 거다. 꼭 숨어있는 무의식이 쉽게 닿지 않는 내밀한 곳에 있어서 찾기 어려울 거 같지만, 얼마든지 스스로 느낄 수 있고 확인할 수 있다. 게다가 무의식 안이라고 해서 무의식에 대한 탐구를 하다보면 현재 자아와 삶의 구석구석까지 정밀하게 연결되어 있음을 알 게 된다.

주의 깊은 통찰력, 수준과 지능 그리고 감수성 자신의 찾겠다는 절실함이 필요하지만 결국 할 수 있다고 말하고 싶다. 어린과 아이 둘로 구분해보자면 어른은 철들고 자기 자신이 할 수 있는 능력안에서 나이에 맞게 어른스러움을 지니고 있다. 어린아이는 말 그대로 순수하고 천진할 때가 있다. 누군가에게 애정 어린 보사핌을 줄 때도, 아이처럼 어리광 부리면서 보살핌을 받을 때도 행복하다. 부담한 노력 끝에 결실을 맺을 때도 좋은 사람들과 좋은 곳에서 좋은 걸 먹을때도 행복하다. 못난사람처럼 굴어도 서로 주고받으면서 낄낄거릴 대도 좋다. 의미없는 시간이 없다는 거다. 퇴근후에 떠들고 다같이 모여 한가롭게 또는 떠들고 놀때 행복하다. 어느 쪽에 행복을 많이 추구하면서 살고 있는가 어른스러운 행복? 아이처럼 천진한 행복?

우린 뜻대로 좀 살아봐야한다. 하고싶은대로 생각한 거 대로 살라는 거다. 일을 적당히 하면서 살라는 거다. 소중한 사람과 더 하루라도 보내는 시간이 필요하다는 거다. 내 속마음을 우린 솔직하게 표현해야한다는 거다. 서운하면 서운하다, 화나면 화난다. 좋아하면 좋아한다. 두려우면 두렵다 말해야한다. 후회하지 않으려면 말이다. 보고싶은 친구들에게 연락을 좀 더 자주할 걸이다. 옛날 그 느낌 그대로는 아닐지언정 아이처럼 놀 수 있다면 얼마나 가슴뛰고 좋을까

나 자신의 행복을 위해 조금 과감하게 도전할 것이다. 미루고 미루다 포기하지말고 남 보기 그럴듯한 삶을 유지하지도 말고 어른스러운 행복을 추구하는 사람들이 좀 더 아이처럼 놀아보지 못한 것을 후회한다고 말하면 지나친 걸까. 아무리 대단한 사람이더라도 연인 앞에서만큼은 아이처럼 어리광을 부릴 줄 알아야 진정 행복하지 않을까. 강하기만 하고 늘 옳기만 한 사람이, 누구 앞에서든 좀처럼 말랑하지 못한다면 과연 행복한지 꼭 묻고 싶다. 행복하다는 답이 돌아온다면 그래도 진짜 행복한지 시간을 두고 천천히 생각해보라고 말하고 싶다.

열정 뽐내면서 뿌듯해하고 있던 모습이 내면의 얼린아이가 낙담하고 있다면 행복이 필요하다는 신호일 수 있다. 불안과 우울에 약한 사람들은 대체로 어른

스럽거나, 책임감이 강하거나 희생적이거나 여유로운 휴식을 잘 즐기지 못한다는 특징을 갖고 있다. 훌륭한 사람이 행복한 사람은 아니라는 거다. 다 똑같은 사람. 사람냄새 나는 아픔도 슬픔도 똑같이 있는 사람이다.

연꽃잎

모래투성이 속에서
나, 너 모르게 더럽혀진

낡음이 결코 상처만을
가져다준다해도 괜찮다.

괜찮지 않는다는 옆에 들던 하루가
오늘도 수고했다고 긴 하루였다고

수백 마디의 말 대신 그냥 따뜻하게 안아주겠다고
조곤조곤 옆에서 감싸준다.

지금은 힘들고 매일 쳇바퀴 돌 듯 사는것 같아서
때로는 허무하고 때로는 희망이 없어 보이지만,

곧 찾아올거야. 바라는 크고 작은 행복
그러니깐 피곤 지침 짜증 걱정들은 다 두고 와

쉼터에 올 때는 온전히 너
너만 왔으면 좋겠어. 알맞는 시기 알맞는
주소로 가길 바란다.

수용

 일어나지 않은 일에 대해 온갖 생각하는 사람을 주변에서 가끔 볼 수 있을거다. 물론 나도 그랬었다. 혹시 이러면 어쩌고 저쩌고 불길한 예감부터 과대 망상으로 끝없이 이어지는 마음의 습관이다. 다른 사람들만 봐도 까짓것 무슨 일이든 생기면 그 때 가서 생각하지 뭐 하는 느긋함을 원하지만 마음대로 되지 않아 고통받는다. 걱정이 많은 것을 심리적인 불안 상태로 변해야하는 이유중 하나다. 우린 달라져야하고 할 수 있다. 그래서 더욱 필요하다.

 첫째 너무 지나치다는 점, 습곤적으로 걱정하고 심각할 게 없는데도 초조해하며, 만성 걱정 될 때 짜증이 잘 나거나 쉽사리 시무룩해진다면 지나치다고 말하고 싶다.

둘째 불안이 만성화된 탓에 몸이 여기저기 예민하고 아프다.

셋째 습관적인 불안과 걱정 때문에 집중력이 저하되고 여가를 즐기지도 관계의 문제까지 번진다는 것이다. 이러한 상황이 악순환 되어서 벗어날 수 있을지

길이 보이지 않는다면 마음적으로 휴식과 안정을 취할 수 있도록 노력하고 연습해야한다. 사실 연습도 연습이지 밝은 척 밝아야만 한다고 의식하고 애쓰지 않아도 된다. 있는 그대로를 받아들이는 시간을 갖는 거 뿐이다. 우린 자신에 대해 먼저 아는 것이 무척 중요하고 시작의 단계다. 자기이해가 자기사랑도 자기가 우선적인 근본적인 요소라고 생각한다. 타고난 성격과 욕구를 이해하고 자신의 감각과 개성, 존재의 의미나 목적지까지 알아가는것. 나를 알아가는 것은 나를 사랑하는 방법을 시작할 수 있는 용기다. 생각한 대로 잘 안되고 책을 덮는다면 현실 그대로 일상을 마주

하는 것부터 돌아온다와서 겁부터 먹는게 당연하다.

 그럼에도 불구하고 자기이해는 선택이 아니라 필수라는 것만 기억했으면 좋겠다.

미묘한 거리

세상 모든 일 곁에는 사람들이 있다.
늘 내 곁에서 지켜주었던 사람 덕분에
오늘의 내가 치켜세울 수 있었다.

시간은 선명히 모습을 드러내
폭풍우가 몰아치는 파도가 되기도 한다.

그럼에도 불구하고
우린 바람을 쫓아서

가는 길 모두가 꿈을 향해
하늘과 바다가 만나는 종점까지

몇번이라도 하늘을 닿을것이다.
벼는 익을수록 고개를 숙인다.

같은 말도 반복하면 힘이 약해진다.

적절한 타이밍 적절한 거리

적절한 선을 유지를 했는지 하루를 되뇌인다.
나는 오늘도 어제값을 치룬 대가를 오늘 받았고

내일 받을 대가를 위해
오늘 먼저 값을 치렀다.

가득찬 그릇

인생에 순간이 오늘이 마지막이라면 어떤 생각이 들까라는 터무니 없는 상상도 해봤던 거 같다. 우리는 아직 죽기엔 이른 나이이기도 상상도 안가는 것이다. 만약 정말 만약에 인생이 오늘이 마지막이라면 후회하지 않는 삶인가 되물어보고 싶다는 거다. 후회하지 않고 사는 사람은 단 한명도 없다. 단지 그 후회를 다시금 반복해서 일어나지 않게 노력하는 것이기 때문이다. 여기서 말하는 후회란 아무리 평범한 인생을 보냈다해도 한 두가지는 후회라는 실패한 경험의 기억이 정면으로 마주한다는 거다. 조금더 나은 삶으로 최대한 노력할 수 있는 방법중에

첫번째로는 조금만 더 일찍 용서하기다. 삶에 있어

서 마지막이라는 순간이 다가오면 모든 마음을 내려놓고 나랑 친하던 친하지 않던 화냈던 싫어했던 사람마저 모두 수용하고 포옹하게 된다는 거다. 마음을 내려놓는 순간에 용서하게 되고 부러졌던 관계는 완만하게 만들어진다는 걸. 자신의 행동에 대한 책임감도 생겨서 선택에 있어 더욱 깊은 마음으로 강해질 수 있다는 거다.

두번째로는 걱정을 내려놓고 행복을 만드는 거다.
우리는 일어나지 않는 일들에 대해 많은 생각과 고민을 하고 그게 현재에도 영향을 미치는 순간들이 많이 있다. 하지만 정말 그럴 필요없이 나를 좋아하고 좋아했던 사람 마저 칭찬 받기에도 아까운 시간에 지금 현재를 집중하고 또 감사해야 한다는 말이다. 행복은 지금 현재 살면서 순간순간 있기 마련이다.

세번째로는 열정적으로 살기다.
지금 하고 있는 일마저 온 마음을 최선을 다해 나에게 온 주어진 시간을 전부 끌어안아 보는 것이다. 매 순간 영감과 열정을 채워놓는 건 말처럼 쉬운 게 아니다. 그렇다고 일어나지 않는 일을 걱정하는 것보다 수백배 좋다 생애 마지막 순간 하고싶은 것들로 이뤘다고 말할 수 있도록 적극적으로 생각한 걸 실행에 옮기는 것이 좋다는 거다.

네번째로는 있는 그대로에 감사할 것이다.

성공과 보상 더 멋진 외모와 예쁜 배우자를 만나기 위해 우리는 현재 있는 그대로 삶에 충족하지 못하고 눈에 성의 차지 않게 보는 것이다.

그러나 마음을 추스리고 바라본다면 지금 이 자리에 서있는 나 자신의 모습을 마주할 수 있다. 만약 내가 없다면 그토록 바라던 멋진 삶은 추구했던 행복자체가 의미가 있을까 이거다. 우리가 이 세상에 존재한다는 자체가 아름다운 것이고 세상의 아름다움과 주어진 소중함을 만족하면서 성장하는 거다. 지금 우리에게 가장 중요한것은 높게만 바라봤던 모습이 아니라 지금 현재 이시간 우리 자신을 보는 것이다. 나은 삶과 후회 없는 미래를 위해 의미 있는 발걸음을 걸었을 때다. 우리는 늦지 않았고 이제 시작인 나이다.

꽃내림

우리의 목소리가 세상의 끝까지 사라지지 않는다면
어떤 말들을 늘어놓을까

손을 뻗으면 닿을듯하지만 잡히지 않는 별 속 꿈과 같이
변하지 않는 것과 사라지지 않는 것을 약속한다.
그래도 여전히 매달리는 우리들은 추한 것일까
아니면 아름다운 것일까

정답지 없는 삶 속에서 우린 아픔을 알고서야
지혜와 이치를 얻는다.

내가 어떠한 방향을 가든
어떠한 길을 가든

그게 정작 갈수 없는 길이라는 것을 알더라도
욕심과 사심 없는 내가

있는 곳에 영원함이 있길 바란다.

켜진 불꽃

혼자 할 수 있는 게 무엇일까 생각하면서 내가 돌아보는 것은 피아노가 있었다 가끔 공연도 하였지만 남는 것은 경험뿐이라고 생각했었다. 경험으로 혼자서도 할 수 있는게 무엇이 있을까 되돌아보니까 국내 여행을 가보지 않았단 것 같았다. 해외여행으로는 프랑스 파리, 필리핀, 일본이 있다 앞으로 스위스 여행 그리고 라스베가스를 가는 것을 두고 국내 여행 특히 제주도를 가볼까 싶었다.

어디를 가든지 각자 매력이 있는 것 같다. 프랑스 파리를 혼자 여행을 갔었을 때만 해도 짐을 많이 가져갈까 생각을 했었지만, 가방 단 한개 정말 짐도 그렇게 많이 안들고 배낭 여행이 되었었다. 인천 공항까지 가서 세상 모르는 사람들만 있는 낯선 환경에 도착했었을때 내 것만 같았다. 어딜 가든 신나는 음악소리와 함께 여행을 만족하고 즐겼던 것 같다. 해보지 못했던 것 구경해보지 못했던 것 언어가 다르니까 불편한점은 있었지만 나를 믿고 떠나는 여행이었기에 너무나도 만족했던 거 같다.

음식도 전부 입맛에 다르지만 잘먹는 편이라 가리지 않고 잘 먹었다. 은근 여행가이드도 잘 맞는 거 같으면서도 또 한편으로는 더 많은 생각도 들게 된다. 국제결혼도 생각이 있고 돈을 벌고 어느정도 직업을 갖게되어서 해외 비자를 만들어 살려는 생각까지도 말이다. 아는 게 없는 나역시 혼자 여행을 할 수 있는 자신감도 용기조차 줬다는 삶에 감사한다.

필리핀 같은 경우도 따뜻하면서 주변에서 느낄 수 없는 환경을 접할 수 있어서 너무나도 좋았다. 특히 문화에 관련해서는 더욱 즐거웠던 거 같고 새로운 경험이 나에게 와닿았던 거 같다. 일본 여행은 특히나도 내가 생각한 것보다 더욱 재미있었고 맛있는 집도 훨씬 많았던 거 같다.

　여행 가기전에 무조건 계획을 세우고 그 계획에 맞춰서 옷을 준비하는데 가끔 즉흥적인 여행도 즐겨해서 이번 일본여행은 준비보단 온전히 나를 믿고 떠났던 거 같다.

　일본 도쿄 가장 유명한 곳으로 가 다양한 사람들과 접하고 내가 하고 싶어했던 여행을 할 수 있어서 만족했던 것 같다. 다음은 스위스랑 라스베가스지만 그 전에 내가 꼭 해보고 싶었던 것들을 이루고나서 천천히 시작하려고 한다. 누구나 행복은 주변 어디에서나 누릴 수 있고 만족할 수 있다. 하면 된다는 것을 생각한 것을 현실로 실천한다는 것은 좋은 긍정에너지고 아무나 못하는 걸 하는 게 아닌, 여러분 전부 다 하면 할 수 있다는 것을 말해주고 싶다.

진흙속 꽃

구름 사이 속 별빛아래
춤추는 우린 여전히 아름답다

잘하려고 노력하는 희망과
보는 관점을 바꾸는 생각을

자기 자신을 잃지 않으려는
꽃이 희생한 열매가
떨어지면 또 다시 피고

꽃은 져도 나무는 여전히 꽃으로
아름다운 것이다.

춤추는 화려한 꽃이 되려고 한다.
끝없는 계단에 포기하고 싶을지언정

미끄러지고 떨어져 무너진다해도
다시 시작이 출발점이다.

소리없이 꽃잎 시들어가는 걸 알면서
온몸 다해 다시 꽃을 피워내며

아무도 모르게 거듭나고 거듭날 거다.
함께 있다. 돌아서면 다시 그리워지는 꽃

환한 꽃이다.

소중한 나에서 나인 나로 사랑 그리고 거인

내가 나를 돌아봤을때 아직 많은 게 부족하다고 생각한다. 행동도 마음가짐도 나이라는 무게감도 적기 때문이다. 좋은 대학 좋은 학력 좋은 스펙 좋은 차도 가지기엔 너무나도 어리기에 책을 쓰면서도 겸손하고 또 겸손해야한다고 생각했었다.

내가 정말 무엇을 좋아하고 또 무엇을 원하면서 이룰 수 있는 목표까지 단순히 그 길만을 위해 내가 시간과 노력을 헛투로 쓰고 있진 않을까 또 고민하는 시간을 일하면서도 느꼈지만 아직 아무것도 정해진 게 없는 인생이고 꼭 할 수 있으면 전부 다 하려는 마음가짐이라 젊었을 때 많은 것을 하고 누렸으면 하는 편이다. 소방관 정말 간절하게 되고 싶다. 하지만 시험을 준비하기 위해서 공부를 해야하고 자격증 또한 무시할 수 없다. 1점 가산점을 하나라도 더 받고 시작하려는 사람들은 정말 무시히 많고 나는 부족하다는 것이 말로만 하는 꿈이라는 것이라는 부분이라 23살이라는 나이에 정말 빠르면 빠르고 느리면 느린 편에 속하지만 100% 노력해서 얻어오는 기쁨과 슬픔까지 전부 우리 형까지 지켜보고 있다는 걸

가족들의 행복이 또 무엇으로 다가오는지 나에게는 또 어떤 일들이 일어날지 모르지만 지금 현재 삶에 행복하지만 더욱 예쁜 나이에 나를 더 알려고 한다. 더 늦기 전에 고쳐야하는 습관, 후회하지 않는 삶, 30대가 바라보는 20살때 해야할 것들 이런 것들을 바라봤을 때 외모가치를 높여라, 이성에 목매지말아라, 여건에 맞는 자동차를 사라, 피부관리 치아관리해라, 책을 많이 읽어라, 여행 경험을 많이 쌓아라, 자격증, 돈을 많이 모아라 전부 맞는 말이다.

꼭 필요한 것들만 이야기 했었고 나또한 그 말을 듣고 따르는 편이지만, 중요한건 누군가가 하라고 해서

꼭 맹신해 할 필요는 없다는 거다. 내가 좋아해서 내가 하고싶어서 움직여도 충분히 가치는 있기에 아직 아무것도 아는 것도 생각이 없거나 꿈도 그냥 사는대로 흘러가는 대로 가더라도 괜찮다. 시간은 정말 나를 알 수 있게 만들어주었고 도움이 안되는 것들은 없다는 것도 알려주었기 때문이다. 지금 내가 쓰고 있는 책도 23살 그리고 앞으로 목표까지 27살 더 많은 사람들을 스쳐지나갈 것이고 나로 인해 사람들이 행복했으면 좋겠다. 정말 아무것도 모르는 인생인데 어떻게 될지 잘 살지 잘 못살지 기대되는 내일에 내가 또 어떤 방향으로 서서 웃고 울고 있을지 현재 집중하고 웃는 시간을 더욱 사용하려한다. 칭찬 받고 사랑받아도 우린 부족한 시간이기 때문이다.

나는 내가 좋고 앞으로의 나를 더욱 사랑할 거다.
스스럼 없이 말이다.

책을 쓰면서 정말 많은 걸 느끼고 다시 생각하게 되고 웃고 울고 재미라는 감정과 함께 서툰 나를 되돌아 볼 수 있어서 너무나도 좋았다. 누군가와 경쟁이 아닌 오로지 나를 위한 그리고 이 책을 읽는 누군가를 위한 책이기도 하다.

이 책은 좋은 책이고 나에게 살이 되기도 하다.
이 책은 좋은 책이다.

내가 적은 시로 이 책을 마무리하고 싶다.

어제는 꿈에 지나지 않고
내일은 비전일 뿐이다.

그러나 오늘을 충실히 살면
모든 어제는 행복한 꿈이 되고

모든 내일은 희망의 비전이 된다.
그러니 오늘을 살아야한다.

나의 오늘 하루는 기분 좋았다
소중하다고 생각하는 사람과

앞으로의 인연을 꾸릴 수 있겠다 싶은
사람과 통화를 마무리해서인 것 같다.

단정짓지 말고 잘하면 된다.
그게 쉽게 된다면 좋을텐데,

가짜 감정이 밀려와 나를 삼켜버리지 않게
멘탈을 잘 잡고있다.

나도 자신감을 되찾고싶다.
혼자 우울하지 않을 것이다.
그 밤으로 돌아가지 않을 것이다.

무지개

비가 그치니 그 사이에는 무지개가 있다
출발과 종점 그 속에는

부질없는 바람과 풀리지 않는 오해와
내려쌓이는 증오가 존재한다.

서로가 적당한 거리로 유지한 이 별은
그 끝에 서면 보란듯이

생명이 다할 장소에 아름다움이 있다고
그것을 지켜보는 이들이 있다고 생각한다.

떳떳한 사람 변치않는 예쁜 이름대로 간직하고 싶다.
남이 아닌 나로 사는 세상으로 변하고 싶다.

시간이 지나 뚜렷한 형상으로 나타날때
사람으로 마음으로 기억에 남는 나로 증명할거다.

지구

세상에는 정답이 없다.
사람 사는 곳에서
친구가 많든 혼자든
잘하든 못하든
돈이 많든 적든
꿈이 자리잡든 못잡든
아픔이 있든 없든
괜찮은 삶이든 괜찮은 척 사는 삶이든
전부 변함없는 자신의 삶이다.
저사람 이 사람 너도 나도
모두가 아름다운 추억이 정답이다.
삶의 가치는 절대 잃을 수 없는 사실이다.

사랑에 온전히 마음을 다 쏟았으면 좋겠다.
함께 있는 시간은 정말 소중한 나날로
최고의 선택이고 후회하지 않을거라고
그사람의 좋은 점 나쁜 점 상처까지
최선을 다해서 말이다.

그런 선택을 했다는 데엔 이유가 있고 그 이유가 지금 그 감정을 느끼게 하고 그 감정으로 인해서 어떤 행동을 하게 한다면 그건 그거대로 의미가 있고 인생의 일부분이다.

거울 속 나

모든 게 무뎌지는 시든 꽃이
피는 날 순간의 기억들이 또 한 번
두 눈앞에 서있다.

다시 오지 않을 추억 속 거리를
아른거리는 하얀 밤 위에

차가운 바람이 따뜻한 바람으로 불러와
긴 꿈을 걸어왔다고 말한다.
마음 속 깊은 날

써보는 시간이 점차 쌓여만 간다.
흔적 안에 살았던 작은 방이

정리 되어가는 기분이다.

낯선 길에서 있는 모습 속에도
바람 타고 낙엽 떨어지는 공기 속에도

어제가 만든 오늘을 미래와 춤춘 내가
모든 것에 내가 길 위에 서있었다.

별

오늘도 밤하늘에 놓인 작은별
달빛에 그려지는 미소를 간직한다.

반짝이는 별을 향한 동경들이
꿈을 꾸기 위해 눈 감았을 때

펼쳐지는 아름다운 풍경을 선물해주었다.
세상이 그린 넓은 하루에

춤을 췄을때 비춰주는
또 하나의 잔상은

멀리서 봤을때 끝이 아닌 새 시작이다.

나를 세상에 비추는 영원한 빛이

어른이라는 시간이 다가왔을때
쉬운일은 없었다.

그럼에도 불구하고 기억해낸다.
내 마음은 가득 꽉찬 별들이

너가 특별한 아이라는 믿음 또한
축하해준 이들이라는 걸

눈감으면 전부 떠오르는 매일을
절대 잊지 않을 것이다.

황보인

간절한 꿈을 앞둔채 중요한게 무엇인지
소중한 무언가 우선 순위가 1위인지

험난한 여정을 떠나기 앞서
울고만 싶어졌지만, 뒤돌아봤을땐

의지하는 사람들이 생각보다 많았다.
상황이 좋든 안 좋든 많을수록 주변 사람들에게 함께 나누자고

진짜 내 사람들은 내편이라는 걸 알았을때
진심어린 표정은 뜨거운 위로가 되어주었다.

그래도 된다. 기대도 된다. 많은 게 변했다.
걱정끼치고 싶지 않아서 아픔을 지켜주고 싶어서

말을 아끼는 게 더 강해보였다.
지금보다 더 좋지 않은 상황도 있었고

그 때마다 이겨낼거니깐
그 어려운 걸 이겨냈으니깐
또 잘 해결해 나아갈 거니깐.

나 자신을 믿었는데, 수고했다는 말에 모든 게 내려놔지더라
사실 나는 강해보이고 싶은 거 뿐이지 어린애였다.

기준

세상에는 정답이 없다.
사람 사는 곳에서

친구가 많든 혼자든
잘하든 못하든

돈이 많든 적든
꿈이 자리잡든 못잡든

아픔이 있든 없든
괜찮은 삶이든 괜찮은 척 사는 삶이든

전부 변함없는 자신의 삶이다.

저사람 이 사람 너도 나도

모두가 아름다운 추억이 정답이다.
삶의 가치는 절대 잃을 수 없는 사실이다.
하루에 최선을 다하면

과정에 따라오기에 만족감과 성취감이 남는다.
자존감은 내가 내 마음에 얼마나 나오는가에
대한 답이다. 그러기 위해

타인의 평가가 아닌 자신의 평에 집중할 것
오로지 나 자신에게 초점을 맞추면 된다.

장미

남이 날 알아주든 몰라주든
가장 중요한건 내가 나를

예쁘다고 좋은 사람이라
멋있고 괜찮은 사람이라

받아주는 일이 세상이
원한 그림이지 않을까

너는 혼자가 아니야.
너를 사랑하는 사람

이제 막 너를 알고 좋아할 사람

너를 좋아했던 사람들까지

총 동원해서 소중한 사람인게

바로 너야

여러가지 선택속에 분명 후회하는
선택에 멈출 수 있지만
해주고 싶은 말은 더 뒤로 갈 생각마
포기하는 게 지는거고 관점을
가장 최고의 선물이라고 봐
부모님한테 받은 최고의 선물
지금의 나 자신을 생각해
이렇게 할 수 있는 날
변할 수 있는 너
자신을 보라고 한계를 정할 필요도
겁먹을 필요없이 과거는 휴지통에
주어진 현재를 사랑해줘.

안좋았던 기억이 너를 힘들게 하고

도망치고 싶고 무서워서 울고 싶은게
당연해 하지만 여태까지
걸어왔던 너의 길은 절대 사라지지 않아
잊지마 중요한 건 처음이 아니라 마지막이니깐.

손길

누군가와 함께 있다는 것은
현실을 잠시 내려놓고
꿈을 꾸는 것과 같다.

우린 꿈을 마음속에 품고 살지만
현실에 치여 눈을 뜨면 꿈은 쉽게 사라지게 된다.

잊다가도 그리워하고 보고싶은 꿈은
눈을 감고서야 보이는 화려한 꿈을 이루고

항상 가슴 속에 있는 꿈들이 또 하루를
살게 한다.

가보지 못하거나 가지지 못한 것에
아쉬워하기보다

나에게 있는 것들에 대한 고마움을
알아가고 정착하면 행복이 찾아오는 걸
감사하다.

책을 마무리하며,

이 책은 행복한 책일까? 엔딩크레딧은 열린결말? 닫힌 결말일까 해피엔딩? 새드엔딩? 정말 많은 말이 있겠지만 행복도 불행도 그 이상이 될 수 있다. 오늘도 내일도 아무도 모르는 인생에 우리는 지금 현재 살아가는 과정에서 어지러운 방안을 깨끗한 방으로까지 우린 우리가 결국 만드니까.

지금 이 시간도 어디선가는 정말 견디기 힘들고 지쳐서 울고있거나 순간순간이 불안한 밤이 되는 나날들로 보내는 사람들이 있을 수 있다. 그래서 괜찮냐는 말보단 알아주고 싶다. 안아주고 싶다. 힘이 되어주고 싶다. 왜? 우린 행복한 사람이니까

정말 순수하고 작은 바람으로지금 오늘날까지 정말 많은 경험까지 감사한 삶 가치있는 인생에서 남긴

앎이라고 남긴다. 밤은 오로지 나였고 낮은 내가 바라던 이상적인 나였다. 서로가 반대되어 말도 안되는 사랑이었지만 차곡 차곡 쌓은 시간은 결코 살이 되었고 부족함을 채우는 관계라는 걸 이 책은 좋은 책이고 해피엔딩이다.

책을 써야겠다라고 생각한지도 벌써 21년 스물에서 23년 스물 셋에 3년이 지나서야 비록 완성까지 갈 수 있게 되었다. 군대에서부터 지금 현재까지 꾸준히 글을 쓰고 다듬고 다른 사람이 아닌 오직 나 스스로가 할 수 있다는 것을 알 수 있게 해준 큰 포인트라고 말할 수 있다. 처음 글을 적어내릴 때 어떤 말로 어떻게 시작을 끊어야하지 부터 막연하게 글 쓰는 자체를 할 줄도 모르는 상황에서 일단 적어지는 대로 적게 되었던 것 같습니다.

쓰다보면서 자신에 대해 이야기도 써보고 다른 사람 이야기를 토대로 적어보기도 했었고 온전히 나 스스로를 알 게 됨으로 된다는 것을 확신하고 자신을 사랑하게 될 수 있게 되어서 만족하게 글을 마무리 할 수 있게 되었던 것 같습니다. 이 책으로 나라는 사람이 잘 되고 성공했고 실패했다를 보여주는 게 아니라, 이런 사람도 살아가는구나라고 불행이 행복이 되기도 많은 감정을 공유하고 싶었습니다.

시는 군대 안에서 꾸준히 썼던 자작글이고 신중하게 있던 사실과 경험을 통해 쓰게 되었습니다. 100일 동안 하루도 빠짐없이 글을 썼던 기억이 있습니다. 쓰면서도 하면 하는 사람이구나 알 수 있었고 여러분들도 할 수 있습니다.

글에 있어서 삶에 경험을 선물해주신 어머니 아니 평범한 소녀이었던 윤미화, 가장이자 슈퍼맨이었던 아버지가 아닌 황효환 두분 모두 정말 진심으로 감사드리면서 사랑합니다.

그리고 할머니, 삼촌들 모두께 전해드리고 싶습니다.

지금 현재 23살 인연도 스쳐지나갔던 순간도 모두 저와 함께했던 소중한 시간도 추억마저도 도와주셨던 모든 사람들께 감사드리고 또 감사합니다.

추신 축복 영원

강동완, 이승원, 김이현, 오인승, 이안석, 김흥문, 안해오, 김기민, 선준범, 김준석, 신광재, 박찬범, 박준오, 박찬민, 윤민준, 김남영, 이종혁, 김인수, 차동훈, 염승호, 김연선, 이호준, 나찬혁, 전진영, 김민재, 장석호, 황귀환, 김도연, 문승우, 이종원, 손부곤, 김두영, 임세진, 김용빈, 최대연, 강현빈, 김영탁, 이관원, 김지원, 신승엽, 김성규, 안재훈, 이지훈, 윤세은, 조항결, 정동현, 이주영, 이범수, 김영은, 김민준, 고정현, 황정우, 안건우, 윤건영, 최동관, 양선희, 윤용, 노재원, 최다음, 김수빈, 이수빈, 전준혁, 박지민, 배건영, 윤은지, 임서연, 임하빈, 채유빈, 강민주, 강민채, 이겸희, 김경환,

고광호, 고영훈, 권유진, 김수정, 김예원, 김우혁, 김주현, 크리스토퍼, 김도담, 문치호, 정소영, 백진범, 배어진, 이도연, 이원우, 정재영, 조성현, 조형민, 강주원, 조하늘, 박지현, 우용하, 김동은, 이동열 구해인, 이희망, 최민규, 최준영, 이준우, 박하연, 박하랑, 홍민수, 김한솔, 김수림, 허명신, 정민석, 윤한빈, 박은솔, 박명수, 강민석, 백은채, 안혁빈, 김재은, 이현주, 송원준, 이현민, 랑정현, 조웅희, 심유빈, 이요원, 이호민, 김상훈, 장내령, 오월의유부 사장님과 매니저님, 한수현 여기에 다 담기에도 너무 과분한 사람들입니다.

부족하고 작은 목소리마저도 사랑해주고 아껴주셔서 너무나도 정말 감사드리고 이 책을 진심과 정성으로 선물해드리고 싶습니다.

내가나인것을

ⓒ 황보인

초판 1쇄 인쇄 2024년 4월 1일
발행일 2024년 04월 26일

지은이 황보인
발행인 황보인

출판등록 2024년 03월 20일 제2024-000014호
정가   12,900원
ISBN   979-11-987213-0-3

이 책은 저작권법에 따라 보호받는 저작물이므로 무단 전재와 복제를 금합니다.